MINISTÈRE DE LA GUERRE

RÈGLEMENT PROVISOIRE

DU 7 JUILLET 1926

POUR L'ENSEIGNEMENT DU FRANÇAIS

AUX MILITAIRES INDIGÈNES

DEUXIÈME PARTIE

LIBRAIRIE MILITAIRE BERGER-LEVRAULT
Éditeurs de l'*Annuaire officiel de l'Armée française*
NANCY-PARIS-STRASBOURG

1928

RÈGLEMENT PROVISOIRE

DU 7 JUILLET 1926

POUR L'ENSEIGNEMENT DU FRANÇAIS

AUX MILITAIRES INDIGÈNES

DEUXIÈME PARTIE

MINISTÈRE DE LA GUERRE

RÈGLEMENT PROVISOIRE

DU 7 JUILLET 1926

POUR L'ENSEIGNEMENT DU FRANÇAIS

AUX MILITAIRES INDIGÈNES

DEUXIÈME PARTIE

LIBRAIRIE MILITAIRE BERGER-LEVRAULT

Éditeurs de l'*Annuaire officiel de l'Armée française*

NANCY-PARIS-STRASBOURG

1928

TABLE DES MATIÈRES

GÉNÉRALITÉS

MÉTHODE D'ENSEIGNEMENT

ANNEXES

COMMISSION DE RÉDACTION

PRÉSIDENT :

Général Monhoven, Membre du Comité consultatif de défense des colonies ;

puis :

Général Jannot, Membre du Comité consultatif de défense des colonies.

MEMBRES :

Colonel Marquis, Chef de la section technique des troupes coloniales ;

Médecin principal de 2e classe Faucheraud, de l'Inspection générale du service de santé des colonies ;

puis :

Médecin principal de 1re classe Abbatucci, de l'Inspection générale du service de santé des colonies ;

Chef de Bon Collignon, de la Direction des services militaires du Ministère des colonies ;

Chef de Bon Viraud, de la Section technique des troupes coloniales

Chef de Bon Quilichini, de l'État-Major du corps d'armée colonial ;

puis :

Chef de Bon Husson, de l'État-Major du corps d'armée colonial ;

Capitaine Hélaine, du 23e régiment d'infanterie coloniale.

RAPPORTEUR :

Lt-Colonel Marchand, du 21e régiment d'infanterie coloniale.

Les originaux des planches en photo-litho ont été exécutés par le sergent Tran van Nui, du 56e bataillon de mitrailleurs indochinois.

GÉNÉRALITÉS

La méthode a été établie conformément aux instructions du Ministre de l'Instruction publique sur l'enseignement dans les écoles primaires, de manière à donner simultanément l'enseignement de la lecture, de l'écriture, du dessin enfantin et du calcul simple.

Lecture et Écriture. — La plupart des méthodes actuellement en usage dans la classe préparatoire des écoles primaires s'adressent à *des enfants*, capables, en voyant un *dessin* quelconque, d'identifier l'objet qu'il représente.

Le maître attire l'attention des élèves sur une image, (gravure d'un livre ou tableau mural), explique celle-ci en quelques mots et questionne pour s'assurer que tous les détails ont été bien observés. De la légende du dessin, préalablement répétée par les élèves, le maître retient un mot, d'où, après élimination des lettres ou syllabes inutiles pour la leçon du jour, il extrait la lettre ou la syllabe qu'il veut étudier.

Cette lettre ou syllabe est ensuite signalée par le maître, ou recherchée par les élèves, dans quelques autres mots qui la renferment.

Le sens de ces mots est expliqué; leur forme se grave dans l'esprit des enfants; dorénavant; ceux-ci associeront toujours le son entendu, à l'objet désigné et à sa représentation écrite.

Ce procédé d'enseignement ne peut être intégralement appliqué à nos indigènes, pour la plupart incapables (surtout nos africains, de beaucoup les plus nombreux) de reconnaître, sans une éducation préalable, un objet quelconque dans un dessin, même simplifié, qui leur est présenté.

Nous ne pouvons donc, tout au moins avec les débutants, utiliser le tableau mural; nous devons employer à la base de l'enseignement, des noms d'objets concrets ou des mots exprimant des idées très familières.

Mais nos élèves ont, sur ceux des maîtres de l'enseignement enfantin, l'avantage d'être plus âgés, de posséder un esprit plus exercé à la réflexion, au raisonnement et, enfin, de disposer d'un vocabulaire de plus d'un millier de mots usités dans leur vie courante.

Dès qu'ils connaîtront quelques lettres et sauront les associer en syllabes, ils arriveront très rapidement à lire et à écrire avec une orthographe convenable; en effet, connaissant le *sens* des mots employés (ceux-ci étant de leur vocabulaire habituel), l'effort de la mémoire visuelle sera diminué, chez les tirailleurs, par le travail inconscient de leur intelligence; comprenant ce qu'ils liront, ils s'y intéresseront davantage et devineront, presque sans effort, ce qu'ils n'arriveront pas à lire immédiatement; de plus, ils énonceront correctement ce qu'ils liront.

EXEMPLE : Un tirailleur lisant : « Le matelas de Moussa est très plat. » ne prononcera pas (comme un enfant) :

« Le matela**sss** de Mou**ss**a e**sst** trè**sss** pla**ttt** ».

Son oreille, déjà exercée, l'empêchera d'énoncer les lettres nulles des mots et, cependant, son œil retiendra la forme de ces mots ; le tirailleur, ayant appris simultanément les caractères imprimés et les caractères manuscrits, écrira les mots comme il vient de les lire et apprendra l'orthographe en remarquant précisément la bizarrerie des lettres nulles (ou redoublées).

Dessin enfantin. — Le dessin enfantin enseigné aux tirailleurs est en traits aussi simples que possible; il a un double but : d'une part, il donne aux indigènes l'assurance, la fermeté de main nécessaires pour arriver à acquérir une écriture convenable et régulière; d'autre part, il les entraîne progressivement à reconnaître dans un dessin, dans une image, l'objet représenté.

Ce dessin au trait (facile à reproduire sur les ardoises quadrillées) ne comprend, d'abord, *en élévation*, que les lignes essentielles d'objets usuels, vus de face ou de profil; après un certain nombre de leçons, ce même dessin au trait sert à donner aux indigènes une idée de la représentation, *en perspective linéaire*, d'objets de forme géométrique.

Dès que leur œil sera habitué à la représentation en perspective, les indigènes seront, automatiquement, sans aucun effort, prêts, en voyant un dessin ombré, dans un livre quelconque, à reconnaître l'objet ou la scène représenté.

Éléments de calcul. — Les éléments du calcul continuent à être enseignés en allant du concret à l'abstrait; dans la première partie, les tirailleurs ont appris :

1° à former les nombres ;

2° à énoncer les résultats ;

dans la deuxième partie, nous leur apprendrons à écrire en chiffres les nombres et les résultats.

Puis à titre de vérification :

L'instructeur écrira les chiffres;

un tirailleur énoncera les nombres inscrits, les opérations effectuées, les résultats obtenus par l'instructeur;

un deuxième tirailleur concrétisera, avec des objets appropriés, les énonciations de son camarade.

Ces exercices (multiplication et division) ne dépasseront pas l'utilisation jusqu'à 100, de la table de multiplication.

MÉTHODE D'ENSEIGNEMENT

LECTURE ET ÉCRITURE

La lecture et l'écriture sont enseignées au tableau noir, sur lequel sont tracées des lignes horizontales ou un quadrillage.

a. **Voyelles.** — L'instructeur écrit la voyelle en caractères romains minuscules (1) (caractères d'imprimerie) et la lit très distinctement en indiquant, en exagérant même, les mouvements des lèvres, de la langue et l'ouverture de la bouche nécessaires pour obtenir une émission de voix franche et ferme; il s'aide de procédés phonomimiques (indiqués dans chaque leçon) et compare à une exclamation familière aux indigènes, le son de la voyelle enseignée.

Il fait répéter plusieurs fois, d'abord collectivement, puis par chaque élève en particulier.

Puis, il étudie la lettre en détail, sa forme, sa position sur la ligne, sa hauteur, sa ressemblance avec une autre déjà étudiée.

Ensuite, il trace au-dessous de la précédente, la même lettre en caractères manuscrits ; il la lit à haute voix et explique que les deux signes représentent le même son: le premier s'emploie dans les livres, tandis que le second est utilisé pour l'écriture.

Il trace, en décomposant, la lettre, sur le tableau, à côté de celle déjà inscrite.

Il donne l'ordre aux élèves d'inscrire de même sur leur ardoise, d'abord en décomposant, puis plus couramment. Il termine par une révision des lettres déjà connues, qu'il écrit au tableau, qu'il fait lire dans un ordre quelconque et enfin qu'il dicte, chaque tirailleur l'écrivant sur son ardoise.

b. **Consonnes.** — Les consonnes ont leur son propre, comme les voyelles.

La consonne est tracée au tableau, en caractères d'imprimerie. *Le son*

---

(1) **Les majuscules seront enseignées ultérieurement.**

de cette consonne, **r** par exemple, est *signalé* aux tirailleurs dans des mots connus d'eux.

Exemple : **r**epos, **r**evue, **r**éveil, **r**iz, **r**oute, **r**ompez vos **r**angs (rouler les **r**).

Puis, l'instructeur fait une comparaison entre le *son* de la consonne et un bruit bien connu des tirailleurs, ou un cri d'animal.

Exemple : **r** ; quand je vois cette lettre, je lis **r r r r r**, comme si je voulais imiter le ronflement d'un moteur (ou le roulement d'un tambour) . . . . **r r r r r**.

Si je mets ce **r** devant la lettre **i** (tracer un **i** après le **r**), je dis : « **r r r r r i** ».

L'articulation ou groupement du son (**r**) avec celui d'une voyelle (**i**, par exemple), se fait par approches successives : d'abord lentes (l'instructeur *tenant le son* de la consonne jusqu'à ce qu'il y joigne celui de la voyelle) :

r r r r r i (répétition collective, puis individuelle) ;

puis plus rapides :

r r i (répétition collective, puis individuelle),

pour arriver à l'articulation nette, franche, d'une brève émission de voix :

ri (répétition collective, puis individuelle).

L'instructeur opère de même pour : **ru**, **ro**, **ra**, **re**, **ré**, **rè**.

Il interroge ensuite chaque tirailleur en montrant, au hasard, l'une des syllabes écrites au tableau.

L'instructeur enseigne ensuite, de la même façon, la forme de la consonne manuscrite et son articulation avec les voyelles manuscrites ; il fait, en même temps, copier sur les ardoises et il termine en dictant une des syllabes à chaque tirailleur.

C'est *seulement quand les tirailleurs sauront articuler une consonne avec toutes les voyelles* que l'instructeur leur *apprendra le* **nom** de cette consonne (appellation usuelle : **bé**, **cé**, **dé**, **effe**, etc.)

c. **Lecture des mots.** — Dès qu'un nombre suffisant d'articulations ont été enseignées, elles sont (dans la méthode) réunies en mots choisis dans le vocabulaire habituel des tirailleurs ; ces mots sont lus, d'abord, par syllabes nettement et fortement prononcées, sans chanter ni psalmodier.

L'instructeur s'efforce ensuite de faire diminuer le temps d'arrêt entre deux syllabes, afin que le mot prenne, le plus tôt possible, sa vraie physionomie et que les sons émis évoquent l'objet ou l'idée qu'il représente ; l'instructeur rappelle brièvement cet objet ou cette idée.

Exemple : Le tirailleur lit : **pu ni**, puis **puni** ; l'instructeur dit : « Le mauvais tirailleur est **puni**, *vous voyez tous* **puni** ? »

Il habitue ainsi les tirailleurs à joindre les idées aux mots qu'ils lisent.

Il termine en faisant lire très lentement, sans arrêt, les mots (plus tard, les phrases) qui, à première lecture, ont été prononcés par saccades, scandés ou martelés.

Au début, dans le texte, les syllabes sont séparées par un intervalle équivalent à un trait, les mots, par un intervalle double.

C'est ainsi qu'ils sont, une première fois, copiés et lus sur l'ardoise.

Quand les tirailleurs sont assez exercés, l'instructeur fait disparaître les intervalles entre les syllabes pour arriver rapidement à faire copier les mots avec leur véritable orthographe.

CHOIX ET PRÉPARATION DES INSTRUCTEURS

La deuxième partie du règlement ne devant être étudiée que par un nombre plus restreint d'élèves que la première partie, les instructeurs pourront être *choisis* parmi les gradés européens les plus aptes ; ces instructeurs seront préparés à leur rôle par le capitaine ou un officier désigné à cet effet.

COMPOSITION D'UNE LEÇON

LECTURE	caractères imprimés ;
	caractères manuscrits ;
COPIE	en caractères manuscrits ;
DICTÉE	des lettres, mots ou phrases étudiés ;
DESSIN	sur quadrillage ;
CALCUL	

2

1re LEÇON.

LECTURE ET ÉCRITURE.

i

Mimique et son. — Écarter, en les soulevant, les coins de la bouche, comme un enfant qui rit, et dire : **i, i, i, i.**

Étude. — Un **i** est un bâton droit, placé sur la ligne et surmonté d'un point.

(1) Tracer, sur le tableau, le bâton puis le point :

i i i i i i

Lecture. — Faire lire collectivement, puis individuellement, des lettres de taille différente.

Expliquer que les deux signes **i** (imprimé) et *i* (écrit) ont le même son.

Écriture. — Tracer au tableau, en décomposant : (1) / (2) *ı* (3) *i*

Nota. — Observer « la pente » de l'écriture ; pour toutes les lettres, cette pente est de 2 sur 1.

(1) Explication donnée pour l'instructeur ; les élèves ne doivent pas être exercés à écrire les caractères imprimés.

Faire tracer, en décomposant, sur les ardoises.

Tracer au tableau et faire tracer sur les ardoises :

une rangée d'*i* de la hauteur d'un carré :

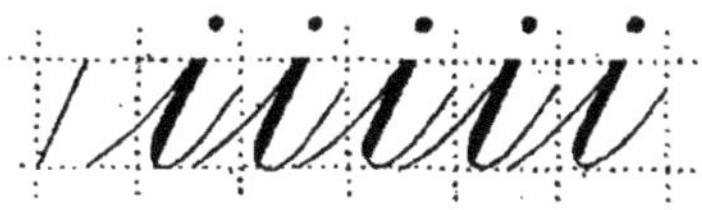

puis, une rangée de la hauteur d'un demi-carré :

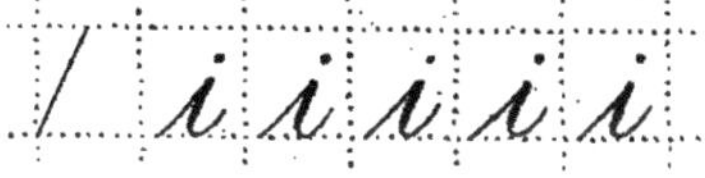

DESSIN. — Sur le tableau et sur les ardoises, repasser sur les lignes du quadrillage, de façon à tracer, plusieurs fois, les deux dessins ci-dessous :

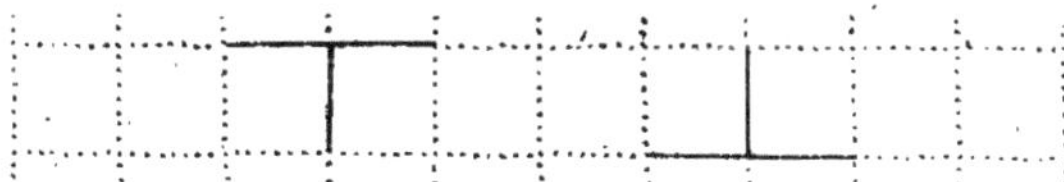

CALCUL. — Tracer au tableau :

|	||	|||	||||	|||||
1	2	3	4	5

Expliquer que **le chiffre** représente **le nombre** formé au-dessus de lui. Exemple : je veux écrire III doigts (les montrer), j'écris le chiffre **3**, qui se prononce « **trois** ».

Copier au tableau et faire copier sur les ardoises, par rangées verticales :

|	||	|||	||||	|||||	||	||||	|||	|||||	|
1	2	3	4	5	2	4	3	5	1
1	2	3	4	5	2	4	3	5	1
1	2	3	4	5	2	4	3	5	1

Interroger, en montrant (ou en faisant montrer) un chiffre quelconque à (ou par) chaque tirailleur interpellé.

Dicter un chiffre à chaque tirailleur.

2e LEÇON.

LECTURE ET ÉCRITURE.

Mimique et son. — Avancer les lèvres et prononcer **u**, comme pour faire marcher un cheval, et dire : **u, u, u, u.**

Étude. — Un **u** est formé de deux **i**, sans point, dont le premier est un peu arrondi du bas pour se joindre au suivant.

Tracer au tableau le premier jambage : ı ; puis le second ı ; les tracer à nouveau en les rapprochant : ıı ; enfin, en les joignant : u.

Lecture. — Faire lire collectivement, puis individuellement :

u u u u u u u

Recommencer de même en épelant :

u u i i ui iu iu ui

Recommencer en amenant à prononcer les diphtongues d'une seule émission de voix :

u i ui, i u iu

puis faire lire :

ui, iu, ui, ui, iu

---

u

Expliquer que les deux signes **u** (imprimé) et *u* (écrit) ont le même son.

Écriture. — Tracer au tableau, en décomposant :

(1) *ı*

(2) *ı*

(3) *u*

Expliquer que *u* s'écrit en traçant deux *i*, sans point, qui se touchent.

Faire tracer des *i* sans point, d'abord séparés, puis rapprochés, puis se touchant.

Tracer au tableau et faire tracer sur lés ardoises une rangée d'*u* de la hauteur d'un carré :

/ *u u u u u u*

puis une rangée de la hauteur d'un demi-carré :

/ *u u u u u u*

puis une rangée de *u* et *i* et de *i* et *u* :

ui ui u i ui

DICTÉE. — Dicter indifféremment *u* ou *i* (que chacun écrit sur son ardoise) ; puis, dicter *ui* ou *iu*. Faire relire ce que chacun a écrit (en faisant prononcer les diphtongues).

DESSIN. — Tracer au tableau et faire tracer sur les ardoises les deux dessins ci-dessous :

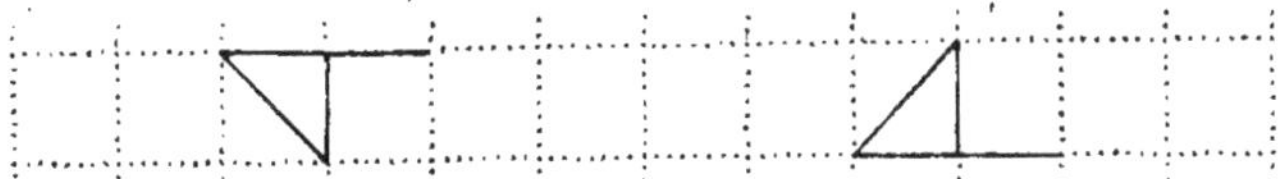

CALCUL. — Tracer au tableau :

IIIIII	IIIIIII	IIIIIIII	IIIIIIIII	
6	7	8	9	0

Expliquer **6**, **7**, **8**, **9** (comme à la 1re leçon) ; pour le zéro, dire : « Ce chiffre s'appelle **zéro** » ; quand on l'écrit *tout seul* (l'écrire au milieu du tableau), il signifie « rien du tout ». Par exemple, si je veux écrire : « Je n'ai pas même un franc », j'écris : « J'ai **0** franc ».

Tracer au tableau et faire copier sur les ardoises (comme à la 1re leçon) :

IIIIII	IIIIIII	IIIIIIII	IIIIIIIII		III	IIIIII
6	7	8	9	0	3	6

II	IIII	IIIIIII	I	IIIII		IIIIIIII
2	4	7	1	5	0	8

IIIIIIIII	IIIIII	III	IIIIIIIII	IIIIIII	
9	6	3	9	7	0

Interroger en montrant un chiffre quelconque à chaque tirailleur interpellé ; dicter un chiffre à chaque tirailleur.

3e LEÇON.

LECTURE ET ÉCRITURE.

Mimique et son. — Arrondir les lèvres en les avançant et prononcer **o**, comme l'exclamation d'une personne surprise ou fâchée, dire : **o, o, o, o.**

Étude. — Un **o** est un rond de la même hauteur que l'**i**, et placé sur la ligne ; il a la forme que prennent les lèvres pour le prononcer.

Tracer sur le tableau, en partant d'en haut en allant vers la gauche et refermer en remontant à droite.

Lecture. — Faire lire collectivement, puis individuellement :

O o o O o

Recommencer de même en épelant :

o o u u o i oui

Recommencer en prononçant, d'une seule émission de voix, les diphtongues :

ui, iu, i o io, iu, io, ui

Expliquer que les deux signes **o** (imprimé) et *o* (écrit) ont le même son.

Écriture. — Tracer au tableau en décomposant :

(1)

(2)

(3)

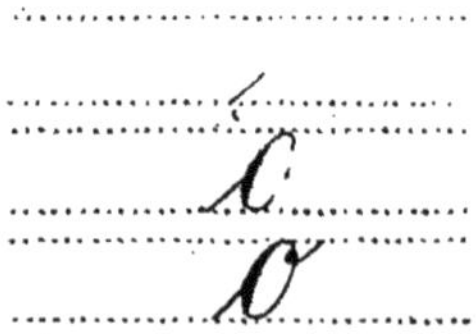

Expliquer que *o* s'écrit en faisant un rond allongé, de la même hauteur que *i* et *u*, commencer à droite par un point, remonter à gauche, puis, redescendre jusqu'à la ligne et remonter à droite jusqu'au point ; terminer par un délié de liaison.

Tracer au tableau et faire tracer sur les ardoises, une rangée d'*o* de la hauteur d'un carré :

puis une rangée de la hauteur d'un demi-carré :

puis une rangée de *i*, *u*, *o* (revision) :

DICTÉE. — Dicter indifféremment *i*, *u*, *o*, puis *ui*, *io*, *iu*. Faire relire.

DESSIN. — Tracer au tableau et faire tracer plusieurs fois sur les ardoises, les dessins ci-dessous :

CALCUL. — Écrire au tableau 1 + 1 = 2. Expliquer : le signe + se prononce **« plus »**; le signe = se prononce **« égale »**; ces signes s'écrivent sur la ligne.

Écrire au tableau et faire copier sur les ardoises (disposées verticalement) :

2 + 1 =
3 + 1 =
4 + 1 =
5 + 1 =
6 + 1 =
7 + 1 =
8 + 1 =

et

1 + 0 = 1
2 + 0 =
3 + 0 =
4 + 0 =
5 + 0 =
6 + 0 =
7 + 0 =
8 + 0 =

Chaque tirailleur écrit sur son ardoise le résultat de l'opération.

Vérifier les ardoises, puis, faire énoncer à haute voix, par les tirailleurs interpellés, les opérations et les résultats.

4e LEÇON.

LECTURE ET ÉCRITURE.

Mimique et son. — Ouvrir franchement la bouche et prononcer **a** comme l'exclamation d'une personne étonnée ou émerveillée, dire : **a, a, a, a.**

Étude. — Un **a** est une lettre de la hauteur d'un **i** et placée sur la ligne; il a une tête et un ventre tournés vers la gauche. Le tracer en partant du point à gauche, remonter à droite et descendre d'un trait ferme, arrondi en bas vers la droite; tracer ensuite le ventre de la lettre.

Lecture. — Faire lire collectivement, puis individuellement :

a a a a a

Recommencer de même en épelant :

a a u o i u a o i u

Recommencer, en prononçant d'une seule émission de voix, les diphtongues :

iu, ui, io, i a ia, io, iu, ia, ui

Expliquer que les deux signes **a** (imprimé) et *a* (écrit) ont le même son.

Écriture. — Tracer au tableau, en décomposant : (1) / (2) *c* (3) *a*

Expliquer que *a* s'écrit en traçant la première partie d'un *o*, de la même hauteur que *i* et *u*; on ferme la lettre, à droite, en traçant un *i* sans point.

Tracer au tableau et faire tracer sur les ardoises une rangée de *a* de la hauteur d'un carré :

/ *a a a a a a*

puis une rangée de la hauteur d'un demi-carré :

/ *a a a a a a a a a a a a a*

puis, à titre de revision, une rangée : *i u o a i u o a*

DICTÉE. — Dicter indifféremment : *a, u, i, o,* puis *iu, io, ia, ui.* Faire relire.

DESSIN. — Tracer au tableau et faire tracer plusieurs fois sur les ardoises les dessins ci-dessous.

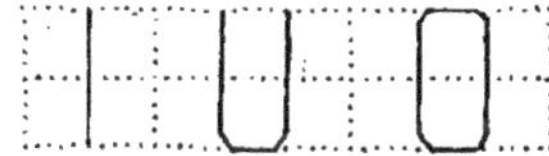

CALCUL. — Revoir au tableau (en interrogeant) :

1 + 0 = 1	3 + 0 = 3	5 + 0 = 5	7 + 0 = 7
1 + 1 = 2	3 + 1 = 4	5 + 1 = 6	7 + 1 = 8
2 + 0 = 2	4 + 0 = 4	6 + 0 = 6	8 + 0 = 8
2 + 1 = 3	4 + 1 = 5	6 + 1 = 7	8 + 1 = 9

Puis écrire : 9 + 1 = dire : « **dix**. Pour écrire dix, j'écris un et zéro : 9 + 1 = 10. Dix, cela fait **une dizaine**. Écrire : 10 + 1 = dire « **onze**. Pour écrire onze, j'écris 1 et 1 ; en mettant un 1 (montrer le premier) devant celui-ci (montrer le second), c'est comme si j'écrivais : une dizaine cela fait 10..... et un, cela fait 11. »

10 + 1 = 11.

Écrire 10 + 2 = dire : « **douze** : puis, comme ci-dessus... »
Écrire 10 + 10 = dire : « **vingt**. Pour écrire 20, j'écris deux et zéro en mettant un 2 devant le 0, c'est comme si j'écrivais : deux dizaines cela fait 20. »

Écrire et faire copier le tableau :

10 + 1 = 11	10 + 4 =	10 + 7 =	10 + 10 =
10 + 2 =	10 + 5 =	10 + 8 =	+ =
10 + 3 =	10 + 6 =	10 + 9 =	+ =

Chaque tirailleur écrit sur son ardoise les résultats de l'opération.

Vérifier les ardoises, puis, faire énoncer à haute voix, par les tirailleurs interpellés, les opérations et les résultats.

5e LEÇON.

LECTURE ET ÉCRITURE.

Mimique et son. — Avancer les lèvres (comme pour un u), mais en ouvrant davantage la bouche et prononcer **eu** comme une personne embarrassée, cherchant ses mots; dire : **eu**, **eu**, **eu**, **eu**.

Étude. — Un **e** est un **o** coupé en deux par une barre et que l'on n'a pas fermé du côté droit; il est placé sur la ligne et à la même hauteur que **i**.

Tracer, sur le tableau, d'abord le côté gauche en partant d'en haut c, puis la barre e, ensuite refermer la tête à droite e, enfin, allonger le bas en remontant à droite e.

Lecture. — Faire lire collectivement, puis individuellement (prononcer **eu**).

e e e e e

Recommencer en épelant :

e o e u e a o i u a i e

Revoir les diphtongues connues :

ia, io, iu, ui

---

e

Expliquer que les deux signes **e** (imprimé) et *e* (écrit) ont le même son.

Écriture. — Tracer au tableau, en décomposant :

(1) *ℓ*

(2) *ℓ*

(3) *e*

Expliquer que *e* s'écrit en traçant d'abord une petite boucle de la moitié de la hauteur de la lettre, puis, finir la lettre en traçant la deuxième partie d'un *i*.

Tracer au tableau et faire tracer sur les ardoises une rangée de *e* de la hauteur d'un carré :

e e e e e e e e e e e e

puis une rangée de la hauteur d'un demi-carré :

e e e e e e e e e e e

puis, à titre de revision, une rangée :

i u o a e u a o e i

DICTÉE. — Dicter indifféremment : *i, u, a, o, e,* puis *ia, io, iu, ui.* Faire relire.

DESSIN. — Tracer au tableau et faire tracer plusieurs fois sur les ardoises les dessins ci-dessous :

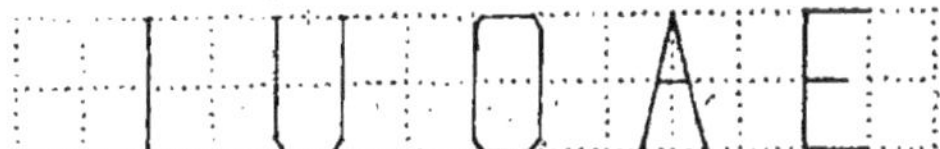

Expliquer aux tirailleurs que ces dessins sont des lettres qu'ils verront imprimées (en montrer sur des placards) ou peintes sur des portes (en ville, à la caserne); après cette explication, écrire au-dessus de chaque majuscule la minuscule correspondante. (Ne pas insister pour ne pas troubler les idées des tirailleurs.)

i u o a e

I U O A E

CALCUL. — Écrire au tableau et faire copier sur les ardoises (disposées verticalement).

9 + 1 = 10	13 + 1 =	17 + 1 =
10 + 1 =	14 + 1 =	18 + 1 =
11 + 1 =	15 + 1 =	19 + 1 =
12 + 1 =	16 + 1 =	+ =

Chaque tirailleur écrit sur son ardoise le résultat de l'opération.

Vérifier les ardoises, puis faire énoncer à haute voix, par les tirailleurs interpellés, les opérations et les résultats.

6e LEÇON.

LECTURE ET ÉCRITURE.

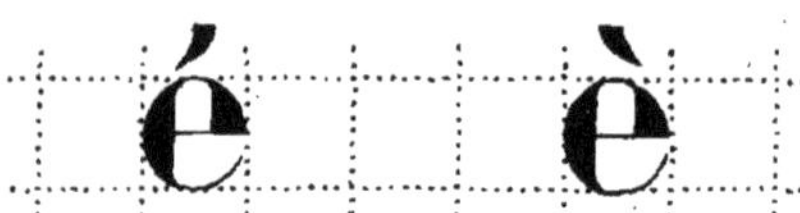

Mimique et son. — Pour **é**, même mouvement des lèvres que pour **i**, mais avec une ouverture de bouche plus grande; prononcer **é** comme l'exclamation **eh** ! Dire **é, é, é.**

Pour **è**, même mouvement des lèvres que pour **a**, mais avec une ouverture de bouche plus grande; prononcer **è** comme **ai** dans **fait**; dire **è, è, è.**

Étude. — **é** et **è** sont la lettre **e** surmontée d'un accent placé comme le point sur l'**i**; cet accent va de droite à gauche pour **é** et de gauche à droite pour **è.**

Tracer des e sur le tableau, puis y mettre, alternativement, un accent aigu ou un accent grave (ou *vice versa*) en disant é, è.

Lecture. — Faire lire collectivement, puis individuellement :

Recommencer de même, en épelant :

é è e o é a è i e a é u e o è

Recommencer, en prononçant d'une seule émission de voix, les diphtongues :

io, iu, ia, i é ié, i è iè, iè, ia, iè

io, ié, iu, ui, ié

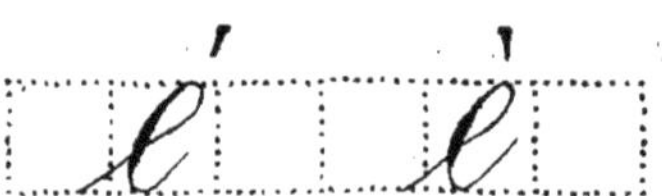

Expliquer que les signes **è é** (imprimés) et *é è* (écrits) ont respectivement le même son.

Écriture. — Tracer au tableau des *e* et les accentuer en *é* et *è*.
Montrer que l'accent se fait de haut en bas, au-dessus de la lettre.

Tracer au tableau et faire tracer sur les ardoises une rangée de *é* et *è* de la hauteur d'un carré, montrer que l'accent est en dehors et au-dessus du carré (comme le point sur l'i).

puis une rangée de la hauteur d'un demi-carré (emplacement de l'accent) :

puis, à titre de revision, une rangée de :

DICTÉE. — Dicter indifféremment : *i, u, o, a, e, é, è,* puis *io, iu, ia, ié, iè, ui.* Faire relire.

DESSIN. — Tracer au tableau et faire tracer plusieurs fois sur les ardoises, les majuscules ci-dessous (qui, au tableau, seront surmontées des minuscules).

i u o a e é è

I U O A E É È

CALCUL. — Écrire au tableau et faire copier sur les ardoises (disposées verticalement).

2 + 1 = 3
2 + 2 =
2 + 3 =
2 + 4 =
2 + 5 =

2 + 6 =
2 + 7 =
2 + 8 = 10
3 + 1 =
3 + 2 =

3 + 3 =
3 + 4 =
3 + 5 =
3 + 6 =
3 + 7 =

Chaque tirailleur écrit sur son ardoise le résultat des opérations.

Vérifier les ardoises, puis faire énoncer à haute voix, par les tirailleurs interpellés, les opérationset les résultats.

7ᵉ LEÇON.

LECTURE ET ÉCRITURE.

L'instructeur : Cette lettre se prononce **f f f...** (tenir le son sans dire **feu**) comme dans **f...arine, f...atigué, f...enêtre, f...ête, f...eu, f...igure, f...ossé, f...ermé.** (Pour chacun des mots, tenir un instant le son **f f...**)

Mimique et son. — Placer les incisives supérieures au-dessus et près de la lèvre inférieure en appuyant le bout de la langue sur la base des incisives inférieures ; souffler comme pour imiter le son émis par un chat en colère.

Étude. — Cette lettre est un bâton droit placé sur la ligne ; il est plus haut que **i, u, o...** (plus haut qu'un carré du quadrillage) et il a une tête tournée vers la droite ; il est cravaté par une barre tracée à la hauteur d'un carré du quadrillage.

Le tracer en partant du point à droite, arrondir la boucle, descendre verticalement jusqu'à la ligne ; terminer en traçant la barre.

Lecture. — *L'instructeur :* Si je place cette lettre devant une de celles que vous connaissez déjà, je dis : **f f f...i** (tenir le son **f** et y joindre le son **i**).

Répétition collective, puis individuelle.

Recommencer en disant : **f f...i** (en tenant moins longtemps le son **f**) ; puis en disant : **fi** (d'une brève émission de voix, nette, franchement articulée).

Opérer de même pour enseigner : **fu, fo, fa, fe, fé, fè, fê, fio, fiu, fia, fui.**

Interroger ensuite individuellement les tirailleurs de la façon suivante :

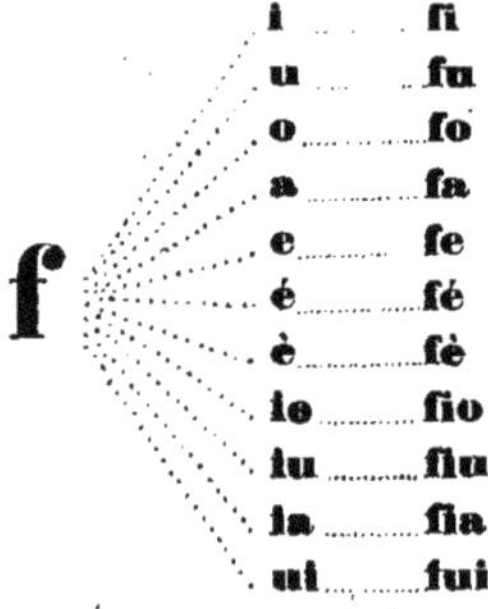

Tracer le tableau ci-contre ; interpeller un tirailleur ; avec une baguette, montrer la lettre **f**, le tirailleur dit **fff...** (en tenant le son) ; *dès qu'il commence*[1] à donner le son, lui montrer avec la baguette une voyelle quelconque ; le tirailleur lira (par exemple) : **f...o,** ou **f...é.**

Terminer en écrivant au tableau la série de syllabes :

fi, fu, fa, fo, fe, fé, fè, fê, fio, fiu, fia, fui

et en interrogeant au hasard chaque tirailleur.

(1) Ceci est très important, car ce sera indispensable pour faire syllaber avec certaines consonnes : **n, m, t, d, g, o,** etc.....

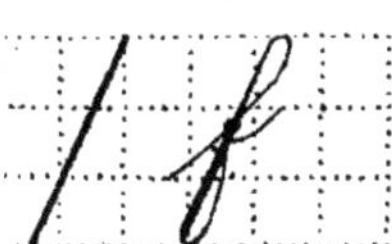

Expliquer que les deux signes **f** (imprimé) et *f* (écrit) ont le même son.

Écriture. – Tracer au tableau, en décomposant : (1) (2) (3)

Expliquer : *f* s'écrit ainsi : tracer au-dessus de la ligne une boucle comme celle de *e* mais deux fois plus haute, prolonger, au-dessous de la ligne, la barre de gauche d'une longueur égale à celle de la partie supérieure, arrondir le bas et fermer la lettre en traçant vers la droite une boucle finissant au-dessus de la ligne, aux deux tiers environ de la hauteur d'un carré ; tracer la liaison.

Tracer au tableau et faire tracer sur les ardoises une rangée de *f* correspondant aux minuscules de la hauteur d'un carré :

f f f f f f f f

puis une rangée de *f* de la taille correspondant aux minuscules de la hauteur d'un demi-carré :

f f f f f f

puis à titre de revision, deux ou trois rangées de :

fo fa fi fu fe fo fa fi fu fe fio fia

DICTÉE. Dicter, dans un ordre quelconque, les syllabes ci-dessus. Faire relire sur les ardoises.

DESSIN. — Tracer au tableau et faire tracer plusieurs fois sur les ardoises, les majuscules qui, *sur le tableau*, seront surmontées des minuscules).

fi	fu	fo	fa	fia
FI	FU	FO	FA	FIA

Faire relire sur les ardoises.

CALCUL. — Écrire au tableau et faire copier sur les ardoises :

4 + 1 =	4 + 6 =	5 + 1 =	5 + 6 =
4 + 2 =	4 + 7 =	5 + 2 =	5 + 7 =
4 + 3 =	4 + 8 =	5 + 3 =	5 + 8 =
4 + 4 =	4 + 9 =	5 + 4 =	5 + 9 =
4 + 5 =	4 + 10 =	5 + 5 =	5 + 10 =

Chaque tirailleur écrit sur son ardoise le résultat des opérations. Vérifier les ardoises, puis faire énoncer, à haute voix, par les tirailleurs interpellés, les opérations et les résultats.

8e LEÇON.

LECTURE ET ÉCRITURE.

Cette lettre se prononce **nn** (donner le son en s'efforçant de ne pas dire **neu**) comme dans : **n...avet, n...euf, n...ez, n...oir, n...ous, n...uit, n...uméro.** (Pour chacun de ces mots, tenir un instant le son **nn**.)

Mimique et son. — Appuyer le bout de la langue sur la partie antérieure du palais et faire passer le son par le nez en même temps que la langue se détache du palais.

Étude. — Le **n** est un **u** renversé; il est formé de deux **i** sans point dont le second est arrondi du haut pour se joindre au premier (comparer **u** et **n**); il est de la même grandeur que **u**.
Tracer d'abord le premier jambage, puis la liaison et le dernier jambage.

Lecture. — Si je place cette lettre devant un **i**, je dis : **nnn...i** (tenir le son en le faisant passer par le nez, ne faire l'explosion qu'en joignant à l'**i**).
Répétition collective, puis individuelle.
Recommencer en disant : **nn...i** (en tenant moins longtemps le son); puis en disant : **ni** (d'une brève émission de voix franchement articulée).
Opérer de même pour enseigner : **nu, no, na, ne, né, nè, nio, nia, nui.**
Interroger individuellement (comme à la leçon précédente) en traçant le tableau ci-dessous; montrer indifféremment au tirailleur interpellé la consonne **f** ou **n**.

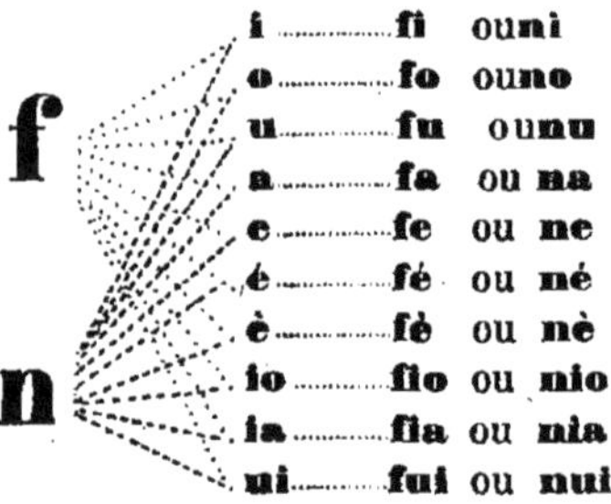

Terminer en écrivant au tableau la série de syllabes :

ni, fa, no, fu, fe, né, fè, fio, fia, nui, ne, na, nu

Interroger au hasard chaque tirailleur.

Puis, faire lire **fi...ni** et **fini** (à ce moment, dire : Un tel, comprends-tu ? quand je dis : « J'ai fini de manger » ; voilà le mot « **fini** » (le montrer); j'ai fini mon travail, l'exercice est fini. Voilà « **fini** ».)

puis : **fa...né** et **fané** (montrer le liseré ou le numéro d'un vieux paletot, le comparer à un neuf et dire : ce numéro est **fané** ; si on le peut, montrer une fleur fraîche et une **fanée**).

fi...ne et **fine** (montrer une aiguille grosse et une aiguille **fine**).

u...ni et **uni** (montrer une surface unie).

â...ne(1) et **âne** (demander : Qui sait ce que c'est : un **âne** ?).

---

(1) Signaler l'accent circonflexe en disant que **â** est plus long que **a**.

n

Expliquer que les deux signes **n** (imprimé) et *n* (écrit) ont le même son.

Écriture. — Tracer au tableau en décomposant : (1) *ı* (2) *n*

Expliquer : *n* s'écrit ainsi : tracer au-dessus de la ligne un *i* renversé, de la hauteur d'un carré du quadrillage, reprendre une liaison aux trois quarts de la hauteur du premier jambage et tracer un *i* sans point dont le haut est arrondi.

Faire tracer d'abord les deux jambages séparément *ı ı* puis les rapprocher jusqu'à la formation de la lettre *n*.

Tracer au tableau et faire tracer sur les ardoises une rangée de *n* de la hauteur d'un carré : *ı n n n n*

puis une rangée de la hauteur d'un demi-carré : *ı n n n n n n n n n*

puis, à titre de revision :

ni, nu, no, fini, fané, fui, uni.

DICTÉE. — Dicter, dans un ordre quelconque, les syllabes, puis les mots ci-dessus. Faire relire sur les ardoises.

DESSIN. — Tracer au tableau et faire tracer plusieurs fois sur les ardoises les majuscules ci-dessous (qui, au tableau, seront surmontées des minuscules).

ni no âne uni

Faire relire sur les ardoises.

CALCUL. — Écrire au tableau et faire copier sur les ardoises (disposées verticalement).

6 + 1 =	6 + 9 =	7 + 7 =	8 + 5 =
6 + 2 =	6 + 10 =	7 + 8 =	8 + 6 =
6 + 3 =	7 + 1 =	7 + 9 =	8 + 7 =
6 + 4 =	7 + 2 =	7 + 10 =	8 + 8 =
6 + 5 =	7 + 3 =	8 + 1 =	8 + 9 =
6 + 6 =	7 + 4 =	8 + 2 =	8 + 10 =
6 + 7 =	7 + 5 =	8 + 3 =	
6 + 8 =	7 + 6 =	8 + 4 =	

Chaque tirailleur écrit le résultat des opérations. Vérifier les ardoises, puis faire énoncer à haute voix, par les tirailleurs interpellés, les opérations et les résultats.

9e LEÇON.

LECTURE ET ÉCRITURE.

t

Cette lettre se prononce **tt** (donner le son sans dire **teu**) comme dans **t...able**, **t...ableau**, **t...alon**, **t...ante**, **t...erre**, **t...ête**, **t...oile**, **t...ravail**.

Mimique et son. — Appuyer le bout de la langue sur les incisives supérieures et l'en séparer brusquement en provoquant une explosion. Imiter le tic-tac d'une montre; énoncer : tic-tac, tic-tac; puis : **tt**, **tt**, sans dire **teu** ni **ta**.

Étude. — Cette lettre est un bâton droit placé sur la ligne; il est plus haut qu'un carré et son pied est arrondi vers la droite; il est cravaté par une barre tracée à la hauteur d'un carré.

Le tracer en partant du sommet; terminer en traçant la barre.

Lecture. — *L'instructeur :* Si je place cette lettre devant un **i**, je dis : **ttt...i**.

Répétition collective, puis individuelle.

Recommencer en disant : **tt...i**, puis en disant : **ti**.

Opérer de même pour enseigner : **tu**, **to**, **ta**, **te**, **té**, **tè**, **tê** (signaler l'accent circonflexe en disant que **tê** est *plus long* que **tè**), **tio**, **tia**, **tui**.

Interroger individuellement (comme aux leçons précédentes) sur le tableau :

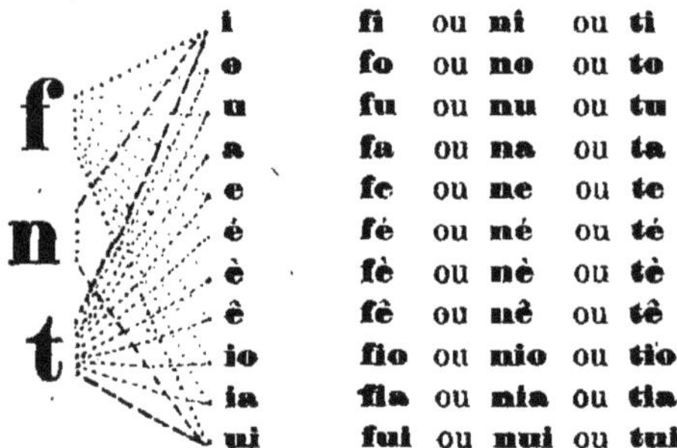

i	**fi**	ou	**ni**	ou	**ti**
o	**fo**	ou	**no**	ou	**to**
u	**fu**	ou	**nu**	ou	**tu**
a	**fa**	ou	**na**	ou	**ta**
e	**fe**	ou	**ne**	ou	**te**
é	**fé**	ou	**né**	ou	**té**
è	**fè**	ou	**nè**	ou	**tè**
ê	**fê**	ou	**nê**	ou	**tê**
io	**fio**	ou	**nio**	ou	**tio**
ia	**fia**	ou	**nia**	ou	**tia**
ui	**fui**	ou	**nui**	ou	**tui**

Écrire au tableau :

ti, na, fo, nu, te, tu, fé, né, to, fé, ta

interroger, au hasard, chaque tirailleur; puis faire lire :

tê te	*et*	tête
fê te	*et*	fête
é tui	*et*	étui
tê tu	*et*	têtu
é té	*et*	été
te nu	*et*	tenu
nu tê te	*et*	nu tête

Explication ou question de l'instructeur (voir leçon précédente) sur chacun de ces mots.

t

Expliquer que **t** (imprimé) et *t* (écrit) ont le même son.

Écriture. — Tracer au tableau en décomposant : (1) / (2) *t* (3) *t*

Expliquer *t* s'écrit ainsi : tracer, au-dessus de la ligne, un *i* sans point plus grand qu'un carré ; le cravater d'une barre à la hauteur d'un carré.

Tracer au tableau et faire tracer sur les ardoises une rangée de *t* de la taille correspondant aux minuscules de la hauteur d'un carré : *tttttttttt*

puis une rangée correspondant aux minuscules de la hauteur d'un demi-carré : *tttttttttt*

puis, à titre de revision, deux ou trois rangées de syllabes :

ti tu to ta te fête, étui, tête, tenu,

été, nu-tête

DICTÉE. — Dicter, dans un ordre quelconque, les syllabes et les mots ci-dessus. Faire relire sur les ardoises.

DESSIN. — Tracer au tableau et faire tracer plusieurs fois, sur les ardoises, les majuscules ci-dessous :

été — ÉTÉ   étui — ÉTUI   tête — TÊTE

Faire relire sur les ardoises.

CALCUL. — Écrire au tableau et faire copier sur les ardoises :

9 + 1 =	9 + 6 =	10 + 1 =	10 + 6 =
9 + 2 =	9 + 7 =	10 + 2 =	10 + 7 =
9 + 3 =	9 + 8 =	10 + 3 =	10 + 8 =
9 + 4 =	9 + 9 =	10 + 4 +	10 + 9 =
9 + 5 =	9 + 10 =	10 + 5 =	10 + 10 =

Chaque tirailleur écrit le résultat des opérations.

Vérifier les ardoises, puis faire énoncer, à haute voix, par les tirailleurs interpellés, les opérations et les résultats.

10e LEÇON.

LECTURE ET ÉCRITURE.

Cette lettre se prononce **ppp** (tenir le son sans dire **peu**) comme dans : **p...aille**, **p...ain**, **p...ap...ier**, **p...elle**, **p...erche**, **p...ermission**, **p...ied**, **p...ip...e**, **p...oche**, **p...unition**.

Mimique et son. — Pincer les lèvres et expulser brutalement l'air comme pour chasser un objet très léger (plume ou bout de papier) placé sur la main.

Étude. — Cette lettre est un bâton droit partant de la ligne d'en haut du carré et prolongé au-dessous de la ligne inférieure d'une longueur égale à la hauteur du carré; à droite de cette barre s'appuie un **o**.

Tracer d'abord le jambage, puis le **o** en partant du haut du jambage et le refermer près de la ligne inférieure.

Lecture. — *L'instructeur :* Si je place cette lettre devant un **i**, je dis : **ppp...i**.
Répétition collective puis individuelle.
Recommencer en disant : **pp...i**; puis, en disant, **pi**.
Opérer de même pour enseigner : **pu**, **po**, **pa**, **pe**, **pé**, **pè**, **pê**, **pio**, **pui**, **pia**.
Interroger individuellement sur le tableau :

	i	**fi**	**ni**	**ti**	**pi**
f	**u**	**fu**	**nu**	**tu**	**pu**
	o	**fo**	**no**	**to**	**po**
	a	**fa**	**na**	**ta**	**pa**
n	**e**	**fe**	**ne**	**te**	**pe**
	é	**fé**	**né**	**té**	**pé**
t	**è**	**fè**	**nè**	**tè**	**pè**
	ê	**fè**	**nê**	**tè**	**pê**
	io	**fio**	**nio**	**tio**	**pio**
p	**ia**	**fia**	**nia**	**tia**	**pia**
	ui	**fui**	**nui**	**tui**	**pui**

Écrire au tableau :

pi, ta, fo, nu, te, pu, fa, pe, ti, fu, pa, to, pè

Interroger au hasard chaque tirailleur; puis faire lire :

pa pa	papa	pu ni	puni		
pâ [(1)] te	pâte	pe ti te	petite		Explications ou questions de l'instructeur sur chacun de ces mots.
pâ té	pâté	é pi	épi		
pa ta te	patate	é pa té	épaté [(2)]		
pi pe	pipe				

Expliquer que les deux signes **p** (imprimé) et *p* (écrit) ont le même son.

(1) Signaler l'accent circonflexe : **pâ** est plus long que **pa**. — (2) Exemple : un nez épaté.

Écriture. — Tracer au tableau en décomposant : (1) / (2) *p* (3) *p*

Le *p* écrit ressemble à un *n* dont le premier jambage n'est pas arrondi du haut ; il commence au-dessus de la ligne supérieure du carré et se prolonge, par le bas, de la hauteur d'un carré.

Tracer au tableau et faire tracer sur les ardoises une rangée de *p* de la taille correspondant aux minuscules de la hauteur d'un carré : *p p p p p*

puis, une rangée de la hauteur d'un demi-carré : *p p p p p p p p p p p*

puis, à titre de revision, deux ou trois rangées de syllabes :

pi, po, pa, puni, épi, épaté

DICTÉE. — Dicter dans un ordre quelconque les syllabes, puis les mots ci-dessus. Faire relire sur les ardoises.

DESSIN. — Tracer au tableau et faire tracer plusieurs fois, sur les ardoises, les majuscules ci-dessous :

pipe	patate	puni	épi
PIPE	PATATE	PUNI	EPI

Faire relire sur les ardoises.

CALCUL. — Écrire au tableau et faire copier sur les ardoises :

2 + 1 + 1 =	1 + 2 + 3 =
2 + 2 + 1 =	2 + 2 + 2 =
2 + 3 + 2 =	2 + 2 + 3 =
4 + 5 + 3 =	2 + 3 + 3 =
6 + 5 + 4 =	3 + 3 + 1 =

3 + 3 + 3 =	5 + 2 + 3 =
4 + 2 + 1 =	5 + 3 + 4 =
4 + 3 + 2 =	6 + 3 + 4 =
4 + 4 + 1 =	6 + 4 + 4 =
4 + 4 + 2 =	6 + 5 + 4 =

Chaque tirailleur écrit le résultat des opérations. Vérifier les ardoises, puis faire énoncer, à haute voix, par les tirailleurs interpellés, les opérations et les résultats.

11e LEÇON.

REVISION.

LECTURE. — Par un trait vertical, partager le tableau noir en deux parties :

1° A gauche, copier le tableau ci-dessous ; faire lire :

f...i en montrant successivement les deux lettres ;
fi en montrant la syllabe.

f	**i**	**fi**	**ni**	**ti**	**pi**
	u	**fu**	**nu**	**tu**	**pu**
n	**o**	**fo**	**no**	**to**	**po**
	a	**fa**	**na**	**ta**	**pa**
t	**e**	**fe**	**ne**	**te**	**pe**
	é	**fé**	**né**	**té**	**pé**
p	**è**	**fè**	**nè**	**tè**	**pè**
	ê	**fê**	**nê**	**tê**	**pê**
	io	**fio**	**nio**	**tio**	**pio**
	ia	**fia**	**nia**	**tia**	**pia**
	iu	**fiu**	**niu**	**tiu**	**piu**
	ui	**fui**	**nui**	**tui**	**pui**

2° A droite, copier le tableau ci-dessous ; faire lire (sans épeler) :

fi...ni en montrant successivement les syllabes ;
fini en montrant le mot entier ; puis, questionner sur le sens du mot.

Terminer en faisant lire un mot quelconque sans syllaber.

fi	ni	fini	pa	pa	papa
fa	né	fané	pâ	te	pâte
fi	ne	fine	pâ	té	pâté
tê	te	tête	pi	pe	pipe
fê	te	fête	pu	ni	puni
tê	tu	têtu	pa ta	te	patate
te	nu	tenu	pe ti	te	petite
nu tê	te	nu tête	é pa	té	épaté
é	té	été	é	pi	épi
é	tui	étui	u	ni	uni
â	ne	âne	fui	te	fuite

u ne pe ti te pi pe — u ne tê te fi ne

N..... (nom d'un tirailleur) a été têtu — N..... a été puni

ÉCRITURE. — Faire copier à main posée (hauteur d'un carré) :

épi, âne, pâté, fané, fuite,

DICTÉE. — Dicter les mots suivants (qui seront écrits en minuscules de la hauteur d'un demi-carré) :

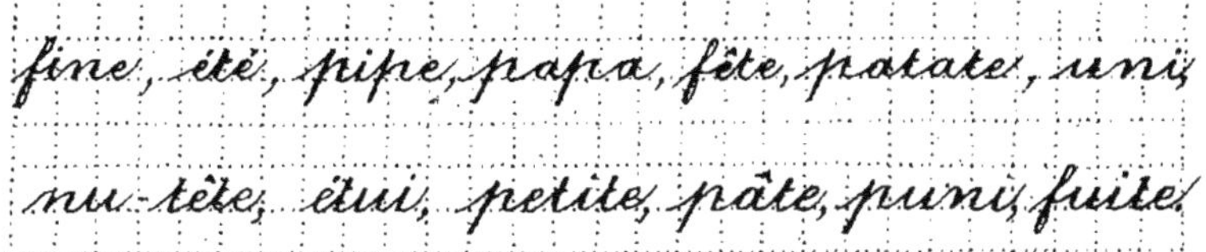

Vérifier les ardoises ; faire relire par un ou plusieurs tirailleurs.

DESSIN. — Faire copier les majuscules :

pâté têtu fuite

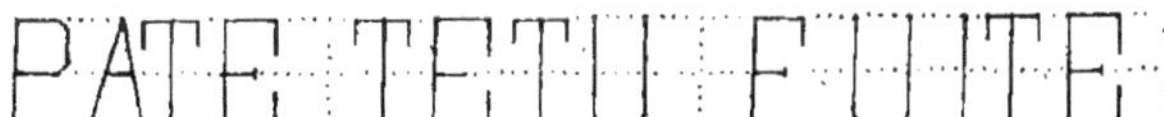

Faire relire sur les ardoises.

CALCUL :

(1)

6 + 3 + 2 =
6 + 6 + 2 =
7 + 5 + 3 =
7 + 7 + 2 =
7 + 4 + 6 =

(2)

8 + 9 + 3 =
9 + 1 + 7 =
10 + 5 + 3 =
3 + 9 + 8 =
10 + 8 + 1 =

(3)

5 + 3 + = 10
4 + 9 + = 15
8 + 2 + = 17
2 + 7 + = 13
6 + 8 + = 18

(4)

3 + 6 + = 16
7 + 3 + = 11
5 + 5 + = 14
6 + 3 + = 12
9 + 8 + = 20

1° Tracer au tableau et faire copier sur les ardoises les opérations indiquées dans les deux premiers cadres; chaque tirailleur inscrit sur son ardoise les résultats.

2° Tracer au tableau les 3ᵉ et 4ᵉ ; puis, expliquer que l'opération posée s'énonce ainsi :

Combien faut-il ajouter à 5 + 3 pour faire 10 ?

Montrer (fût-ce en comptant sur les doigts) que c'est 2 ; écrire 2, de façon à donner comme modèle : 5 + 3 + 2 = 10

Faire copier les 1ʳᵉˢ, 2ᵉ et 4ᵉ colonnes d'opérations indiquées ci-dessus (cadres 3 et 4). Chaque tirailleur complète sur son ardoise. Vérification par l'instructeur, puis, lecture à haute voix par un ou plusieurs tirailleurs.

12e LEÇON.

LECTURE ET ÉCRITURE.

r

Cette lettre se prononce **r r r** (tenir le son) comme dans : **r...epos, r...evue, r...iz, r...éveil, r...oute, r...ompéz vos r...angs** (rouler les *r*).

Mimique et son. — Se prononce de la gorge; le bout de la langue restant immobile contre les incisives inférieures, chasser l'air violemment, en faisant vibrer la luette comme si on voulait expulser une mucosité de la gorge ou comme si on imitait le ronflement d'un moteur ou le roulement du tambour. (Ne pas hésiter à faire exagérer le roulement pour vaincre la paresse de gosier de certaines races qui prononcent *r* comme *ou*.)

Étude. — Cette lettre est de la hauteur d'un carré; elle se compose d'un *i* sans point et d'une tête tournée à droite comme celle de *f*.

Tracer d'abord le jambage *i*, puis commencer une liaison comme pour tracer un *n*, mais l'arrêter par un point après avoir arrondi la boucle.

m

Cette lettre se prononce **m m m** (donner le son en s'efforçant de ne pas dire **meu**) comme dans : **m...adame, m...agasin, m...ain, m...aison, m...arche, m...er, m...esure, m...être, m...idi, m...onnaie, m...ur.**

Mimique et son. — Contracter légèrement le gosier et chasser l'air en ouvrant les lèvres comme pour imiter le meuglement du bœuf.

Étude. — Cette lettre est de la hauteur d'un carré; c'est un *n* avec trois jambages au lieu de deux.

Tracer un *n* et y ajouter un troisième jambage.

Lecture. — Si je place cette lettre devant un *i*, je dis :

rrr.....i (Répétition collective, puis individuelle.)	**mmm.....i** (Répétition collective, puis individuelle.)

Recommencer en disant :

rr.....i	**mm.....i**

puis :

ri	**mi**

Même façon d'enseigner :

ru, ro, ra, re, ré, rè, rê, rio, riu, rui, ria	**mu, mo, ma, me, mé, mè, mê, mio, miu, mui, mia**

Interroger individuellement sur un tableau tracé avec les voyelles et les diphtongues ci-dessus.

n	i	ni	ri	mi	**n**	è	nè	rè	mè
	u	nu	ru	mu		ê	nê	rê	mê
r	o	no	ro	mo	**r**	io	nio	rio	mio
	a	na	ra	ma		iu	niu	riu	miu
m	e	ne	re	me	**m**	ui	nui	rui	mui
	é	né	ré	mé		ia	nia	ria	mia

Ecrire au tableau les syllabes ci-dessous et interroger au hasard chaque tirailleur :

ri, fa, to, ru, ne, mo, fi, re, tu, mè, pa, ré, fe, mi, ra, po, mu, rè, mê, ro, ma, pe, fê

Faire lire (puis, explication ou question de l'instructeur) :

rat (1)	rat	rô ti	rôti	mât (1)	mât	mot (1)	mot
ra pe	rape	rue (1)	rue	mé ri te	mérite	mu ni	muni
ra me né	ramené	rui ne	ruine	mi ne	mine	fa ri ne	farine
ré u ni	réuni	ma rié	marié	mi nu te	minute	fumée (1)	fumée
ri re	rire	ma ri ne	marine	mo rue (1)	morue	nu mé ro	numéro

(1) Faire remarquer que, quand elles sont à la fin des mots, certaines lettres ne se prononcent pas; dans les débuts de l'enseignement de la lecture, elles seront tracées en caractères *filiformes*.

Expliquer que les signes :

r (imprimé) et *r* (écrit) | m (imprimé) et *m* (écrit)

ont le même son.

Écriture. — Tracer au tableau en décomposant :

(1) (2) *r*

r s'écrit en traçant d'abord une sorte d'accent circonflexe dont la pointe est sur la ligne supérieure d'un carré et dont la branche droite tient presque la ligne ; tracer ensuite un *i* sans point.

(1) (2) (3) *m*

m s'écrit comme un *n* qui aurait trois jambages au lieu de deux, les deux premiers étant semblables.

Tracer au tableau et faire tracer sur les ardoises une rangée de **r** et de **m** de la hauteur d'un carré :

rm rm rm rm

puis une rangée de la hauteur d'un demi-carré :

rm rm rm rm

puis, à titre de revision, plusieurs rangées de :

rire, ro, ra, mi, mo, rame

DICTÉE. — Dicter quelques-unes des syllabes ci-dessus, puis les mots : *rire, rat, farine, fumée, narine, numéro, minute, morue, marié.*

DESSIN. — Faire copier les majuscules :

ro	ri	me	mi	morue
RO	RI	ME	MI	MORUE

Faire relire sur les ardoises.

CALCUL. — Écrire au tableau : 2 – 1 = 1. Expliquer que — se prononce « **moins** ».
Faire répéter par chaque tirailleur : 2 – 1 = 1.
Écrire au tableau et faire copier sur les ardoises (disposées verticalement).

2 – 1 = 1	7 – 1 =	12 – 2 = 10	17 – 2 =
3 – 1 =	8 – 1 =	13 – 2 =	18 – 2 =
4 – 1 =	9 – 1 =	14 – 2 =	19 – 2 =
5 – 1 =	10 – 1 =	15 – 2 =	20 – 2 =
6 – 1 =	11 – 1 =	16 – 2 =	21 – 2 =

Chaque tirailleur écrit sur son ardoise le résultat des opérations.

Vérifier les ardoises, puis faire énoncer à haute voix, par les tirailleurs interpellés, les opérations et les résultats.

(Pour le nombre 21, expliquer que 2 et 1 disposés ainsi signifient : 2 dizaines plus 1.)

13e LEÇON.

LECTURE ET ÉCRITURE.

Cette lettre se prononce **v v** (tenir le son sans dire **veu**) comme dans : **v...ache, v...eau, v...ille, v...illage, v...iande, v...erser, v...ider, v...erre, vaguemestre, v...oiture.**

Mimique et son. — Placer les lèvres et la langue comme pour prononcer **f**, mais serrer davantage les incisives supérieures sur la lèvre inférieure afin de ne laisser au souffle qu'un étroit passage ; imiter le bruit d'une grosse mouche qui vole.

Étude. — Cette lettre est de la hauteur d'un carré ; elle se compose de deux jambages également inclinés mais en sens inverse, venant se réunir sur la ligne.

Tracer d'abord le jambage de gauche, puis celui de droite.

Cette lettre se prononce **b b b** (donner le son en s'efforçant de ne pas dire **beu**) comme dans : **b...anquet, b...ac, b...agage, b...alai, b...ataillon, b...idon, b...obine, b...ouchon, b...outon, b...rosse.**

Mimique et son. — Avancer légèrement les lèvres en les fermant ; provoquer une légère explosion au moment de l'émission du son ; imiter le bêlement du mouton.

Étude. — Cette lettre est un bâton droit de la hauteur de deux carrés et finissant à la ligne inférieure ; à droite de cette barre s'appuie un **o**.

Tracer d'abord le jambage puis le **o**.

(Comparer un **p** et un **b**.)

Lecture. — Si je place cette lettre devant un **i**, je dis :

vvv...i (Répétition collective, puis individuelle).	**bbb...i** (Répétition collective, puis individuelle).

Recommencer en disant :

vv...i	**bb...i**

puis :

vi	**bi**

Même façon d'enseigner :

vu, vo, va, ve, vé, vè, vê, vio, viu, vui, via	**bu, bo, ba, be, bé, bè, bê, bio, biu, bui, bia**

Interroger individuellement sur un tableau tracé avec les voyelles et diphtongues ci-dessus.

r	i	ri	vi	bi	**r**	è	rè	vè	bè
	u	ru	vu	bu		ê	rê	vê	bê
v	o	ro	vo	bo	**v**	io	rio	vio	bio
	a	ra	va	ba		iu	riu	viu	biu
	e	re	ve	be		ui	rui	vui	bui
b	é	ré	vé	bé	**b**	ia	ria	via	bia

Écrire au tableau les syllabes ci-dessous et interroger au hasard chaque tirailleur :

bi, mu, vo, ré, be, pa, vi, tu, va, fi, bo, mê, ba, vu, pu, to, pe, bé, fa, ve, bu, ru, ti, pi

Faire lire, puis explication ou question de l'instructeur :

ve nu	venu	fè ve	fève	re vue	revue	ra bot	rabot	bâ ti	bati
vé ri té	vérité	na vi re	navire	rê ve	rêve	ra bo té	raboté	ba vu re	bavure
vi pè re	vipère	pa vé	pavé	tu be	tube	bât	bât	bo a	boa
vue	vue	pi vot	pivot	ti bia	tibia	bâ té	bâté	bo bi ne	bobine

Expliquer que les signes :

v (imprimé) et *v* (écrit)	b (imprimé) et *b* (écrit

ont le même son.

Écriture. — Tracer au tableau en décomposant :

(1) *r* (2) *v* | (1) *l* (2) *b*

Expliquer :

v s'écrit en traçant d'abord un *i* arrondi du haut et du bas (comme le 2ᵉ jambage de *n*); puis remonter à droite, jusqu'à la ligne supérieure du carré et tracer la liaison comme pour faire la tête d'un *r*.

Tracer au-dessus de la ligne supérieure une boucle comme celle de *f*, mais l'arrêter à la ligne inférieure en l'arrondissant ; faire à droite le ventre de la lettre comme pour le *v*.

Tracer au tableau et faire tracer sur les ardoises une rangée de *v* et de *b* de la hauteur d'un carré :

vb vb vb vb vb vb vb

puis, une rangée de la hauteur d'un demi-carré :

vb vb vb vb vb

puis, à titre de revision :

vi, vo vu, ba, bê, bobine

vite, venu, rabot, bête, tube, bâti,

DICTÉE. — Dicter quelques syllabes connues, puis les mots :

fève, tube, bât, bâti, banane, bête, vipère, vérité, vue.

DESSIN. — Faire copier les majuscules :

vu va bi bo banane

VU VA BI BO BANANE

Faire relire sur les ardoises.

CALCUL. — Écrire au tableau et faire copier sur les ardoises (disposées verticalement) :

3 – 3 =	10 – 3 =	17 – 4 =	14 – 5 =
4 – 3 =	11 – 4 =	18 – 4 =	15 – 5 =
5 – 3 =	12 – 4 =	19 – 4 =	16 – 5 =
6 – 3 =	13 – 4 =	10 – 5 =	17 – 5 =
7 – 3 =	14 – 4 =	11 – 5 =	18 – 5 =
8 – 3 =	15 – 4 =	12 – 5 =	19 – 5 =
9 – 3 =	16 – 4 =	13 – 5 =	20 – 5 =

Chaque tirailleur écrit sur son ardoise le résultat des opérations. Vérifier les ardoises, puis, faire énoncer à haute voix, par les tirailleurs interpellés, les opérations et les résultats.

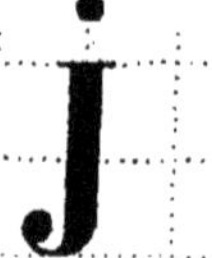

14e LEÇON.

LECTURE ET ÉCRITURE.

Cette lettre se prononce **j j j** (tenir le son sans dire **je** ou **jeu**) comme dans : **j...ambe, j...ambière, j...aune, j...eu, j...eudi, j.. eune, j...oli, j...ouer, j...uin.**

Mimique et son. — Arrondir les lèvres, les dents étant rapprochées et visibles, les bords de la langue appuyés au palais, le bout de la langue relevé, expulser l'air comme pour imiter le bruit d'un violent jet d'eau sortant d'un tuyau étroit.

Étude. — Cette lettre est semblable à un **f** renversé et non barré dont le pied serait sur la ligne supérieure du carré et dont la tête viendrait au-dessous de la ligne inférieure du carré.

Elle est surmontée d'un point comme **i**.

(Comparer **j** et **f**.)

Tracer d'abord le jambage, l'arrondir vers la gauche en arrivant à la ligne au-dessous et l'arrêter par un point, placer un point (comme pour **i**).

Cette lettre se prononce **d d d** (donner le son en s'efforçant de ne pas dire **deu**) comme dans : **d...ame, d...emain, d...ernier, d...imanche, d...ix, d...octeur, d...ouche, d...ur, d...rap, d...roite.**

Mimique et son. — Ouvrir un peu les lèvres, les dents étant visibles, le bout de la langue appuyé sur la base des incisives supérieures, expulser l'air en provoquant une petite explosion qui sépare la langue des dents, mais en contractant légèrement la gorge.

(Comparer les sons **t** et **d**.)

Étude. — Cette lettre est semblable à un **b** dont le ventre serait à gauche au lieu d'être à droite.

(Comparer **b** et **d**.)

Tracer d'abord le **o** et y appuyer la barre à droite.

Lecture. — Si je place cette lettre devant un **i**, je dis :

jjj...i (Répétition collective, puis individuelle).

ddd...i (Répétition collective, puis individuelle).

Recommencer en disant :

jj...i | **dd...i**

puis :

ji | **di**

Même façon d'enseigner :

ju, jo, ja, je, jé, jè, jê, jio, jiu, jui, jia

du, do, da, de, dé, dè, dê, dio, diu, dui, dia

Interroger individuellement sur un tableau tracé avec les voyelles et les diphtongues ci-dessus.

f	i	fi	ji	di
	u	fu	ju	du
j	o	fo	jo	do
	a	fa	ja	da
d	e	fe	je	de
	é	fé	jé	dé

f	è	fè	jè	dè
	ê	fê	jê	dê
j	io	fio	jio	dio
	iu	fiu	jiu	diu
d	ui	fui	jui	dui
	ia	fia	jia	dia

Écrire au tableau les syllabes ci-dessous et interroger au hasard chaque tirailleur :

nu, fi, vi, tu, bo, po, ji, me, di, ti, pu, pa, ba, do, to, va, fa, ta, da, fe, ve, bi, pi, te, de.

Faire lire, puis explication ou question de l'instructeur :

je té	jeté	dé bit	débit	dé to né	détoné	do mi né	dominé
ju pe	jupe	do ré	doré	dé vê tu	dévêtu	dot	dot
dé jà	déjà	dé fi ni	défini	de vi né	deviné	du ne	dune
ru de	rude	de mi	demi	diè te	diète	du re	dure
da me	dame	dé nu dé	dénudé	di re	dire	du rée	durée
da te	date	dé ri dé	déridé	dit	dit	vi de	vide

Expliquer que les signes :

j (imprimé) et *j* (écrit) | d (imprimé) et *d* (écrit)

ont le même son.

Écriture. — Tracer au tableau en décomposant :

(1) (2) (3) | Expliquer : (1) *c* (2) *d*

j s'écrit en traçant une liaison et une barre partant de la ligne supérieure du carré et descendant d'une longueur égale au-dessous de la ligne ; puis, après avoir tracé une boucle à gauche, aller la refermer sur la ligne. Enfin, placer un point (comme sur *i*).

d s'écrit comme un *a* en traçant la première partie d'un *o* à la droite duquel on appuie une barre analogue à un *t* non barré.

Tracer au tableau et faire tracer sur les ardoises une rangée de **j** et de **d** de la hauteur d'un carré :

jdjdjdjd

puis une rangée de la hauteur d'un demi-carré :

jdjdjdjdjd

puis plusieurs rangées de :

ji jo déjà dédoré, jade, jute

DICTÉE. — Dicter quelques-unes des syllabes ci-dessus, puis les mots :

rade, rude, jupe, date, demi, dépavé, dévêtu, dune, dame, vidé, deviné.

DESSIN. — Faire copier les majuscules :

jupe demi deviné

JUPE DEMI DEVINÉ

CALCUL. — Écrire au tableau et faire copier sur les ardoises (disposées verticalement) :

10 – 6 =	16 – 6 =	10 – 7 =	16 – 7 =
11 – 6 =	17 – 6 =	11 – 7 =	17 – 7 =
12 – 6 =	18 – 6 =	12 – 7 =	18 – 7 =
13 – 6 =	19 – 6 =	13 – 7 =	19 – 7 =
14 – 6 =	20 – 6 =	14 – 7 =	20 – 7 =
15 – 6 =	– =	15 – 7 =	– =

Chaque tirailleur écrit sur son ardoise le résultat des opérations.

Vérifier les ardoises, puis faire énoncer à haute voix, par les tirailleurs interpellés, les opérations et les résultats.

15e LEÇON.

LECTURE ET ÉCRITURE.

Cette lettre se prononce **sss** (tenir le son sans dire **seu**) comme dans : **s...aluer, s...alé, s...auter, s...avoir, s.. ection, s...emaine, s...ignal, s...olde, s...oulier, s...uspendre.**

Mimique et son. — Les lèvres étant un peu ouvertes, appuyer le bout de la langue entre les incisives inférieures, les deux côtés de la langue touchant les premières molaires supérieures, chasser l'air comme pour imiter le bruit que fait une scie en mouvement.

Étude. — Cette lettre est placée sur la ligne et de la hauteur d'un carré ; elle se compose de deux parties arrondies de la même grandeur, ouvertes l'une vers la droite, l'autre vers la gauche et jointes par un trait incliné.

Commencer par la droite, arrondir la tête de la lettre, tracer la partie inclinée, arrondir vers la gauche, de façon à faire le bas de la lettre de même grandeur que le haut.

Cette lettre se prononce **lll** (donner le son en s'efforçant de ne pas dire **leu**) comme dans : **l...aver, l...arge, l...éger, l...ettre, l...ever, l...ieutenant, l...ivre, l...itre, l. .ong, l...umière.**

Mimique et son. — Les dents étant légèrement écartées, rapprocher les lèvres des dents, en relevant la lèvre supérieure, le bout de la langue touchant la base des incisiv. s supérieures, donner le son en produisant un claquement de langue.

Étude. — Cette lettre est une barre droite placée au-dessus de la ligne et de la hauteur de deux carrés.

Lecture. — Si je place cette lettre devant un **i**, je dis :

sss.. i (Répétition collective, puis individuelle).	**lll...i** (Répétition collective, puis individuelle.)

Recommencer en disant :

ss...i	**ll...i**

puis :

si	**li**

Même façon d'enseigner :

su, so, sa, se, sé, sè, sê, sio, siu, sui, sia	**lu, lo, la, le, lé, lè, lê, lio, liu, lui, lia**

Interroger individuellement sur un tableau tracé avec les voyelles et diphtongues ci-dessus.

J	i	ji	si	li	**J**	è	jè	sè	lè
	u	ju	su	lu		ê	jê	sê	lê
S	o	jo	so	lo	**S**	io	jio	sio	lio
	a	ja	sa	la		iu	jiu	siu	liu
l	e	je	se	le	**l**	ui	jui	sui	lui
	é	jé	sé	lé		ia	jia	sia	lia

Écrire au tableau les syllabes ci-dessous et interroger au hasard chaque tirailleur :

vu, fu, pi, bi, to, do, ra, ja, me, ne, su, da, li, no, si, bo, la, vé, so, lui, jo, si, le, ta, ru

Faire lire, puis explication ou question de l'instructeur :

sa bot	sabot	sé vè re	sévère	sû re té	sûreté	lit	lit
sa le	sale	sé vé ri té	sévérité	la vé	lavé	li te rie	literie
sa lé	salé	sa li	sali	le vé	levé	lo te rie	loterie
sa lut	salut	si mu lé	simulé	li bé ré	libéré	lui re	luire
se mé	semé	so li de	solide	li é	lié	lu miè re	lumière
sa li ve	salive	so li di té	solidité	dé li é	délié	lu ne	lune
sé pa ré	séparé	so no ri té	sonorité	li me	lime	li re	lire

Expliquer que les signes :

s (imprimé) et *s* (écrit) | l (imprimé) et *l* (écrit)

ont le même son.

Écriture.

Tracer au tableau en décomposant :

(1) (2) | (1) (2)

Expliquer :

s s'écrit en traçant d'abord une liaison jusqu'à la ligne supérieure qu'elle dépasse légèrement, puis, en descendant presque verticalement jusqu'auprès de la ligne, arrondir vers la gauche et fermer la lettre en faisant un point à côté de la liaison.

l s'écrit en traçant d'abord une boucle comme pour un *b*; puis, après avoir arrondi le jambage au-dessus de la ligne, terminer par une liaison sans fermer la lettre.

Tracer au tableau et faire tracer sur les ardoises une rangée de **s** et de **l** de la hauteur d'un carré :

sl sl sl sl sl

puis une rangée de la hauteur d'un demi-carré :

sl sl sl sl sl

puis plusieurs rangées de :

sale, salive, solide, le lit, levé, lié

DICTÉE. — Dicter quelques syllabes connues, puis les mots :
salé, sale, délié, solidité, salut, lune, lumière, luire, salive.

DESSIN. — Faire copier les majuscules :

semé sali sonore

SEME SALI SONORE

CALCUL. — Écrire au tableau et faire copier sur les ardoises (disposées verticalement).

10 – 8 =	16 – 8 =	10 – 9 =	16 – 9 =
11 – 8 =	17 – 8 =	11 – 9 =	17 – 9 =
12 – 8 =	18 – 8 =	12 – 9 =	18 – 9 =
13 – 8 =	19 – 8 =	13 – 9 =	19 – 9 =
14 – 8 =	20 – 8 =	14 – 9 =	20 – 9 =
15 – 8 =	– =	15 – 9 =	– =

Chaque tirailleur écrit sur son ardoise le résultat des opérations. Vérifier les ardoises, puis faire énoncer à haute voix, par les tirailleurs interpellés, les opérations et les résultats.

16e LEÇON.

Z **C**

LECTURE ET ÉCRITURE.

Cette lettre se prononce **zzz** (tenir le son) comme dans : **z...éro, z...inc, z...ig-z...ag.**

Mimique et son. — Les lèvres étant légèrement ouvertes, placer le bout de la langue contre les incisives inférieures et chasser l'air en imitant le bruit que fait un moustique en volant.

Étude. — Cette lettre est sur la ligne et de la hauteur d'un carré ; elle se compose de deux traits horizontaux de même longueur, réunis par une barre inclinée allant de l'extrémité droite du trait supérieur à l'extrémité gauche du trait inférieur.

Tracer, en partant de la gauche, le trait supérieur puis la diagonale et, enfin, le trait inférieur.

1° Cette lettre se prononce **c** (dur) (donner le son en s'efforçant de ne pas dire **queu**), devant un **a**, un **o**, un **u**, dans des mots comme : **c...aché, c...assé, c...aleçon, c...anon, c...olonel, c...olonial, c...ombat, c...ompagnie, c...ulotte, c...uir.**

2° Il se prononce comme un **s** devant un **e** ou un **i**, dans des mots comme : **c...ela, c...einture, c...ertificat, c...eci, c...irage, c...igarette, c...ible.**

Mimique et son de **c** dur. — La bouche étant un peu ouverte et le bout de la langue touchant légèrement le palais, l'en séparer en produisant une petite explosion au moment de l'expulsion du souffle comme pour imiter le caquetage de la poule en quête.

Étude. — Cette lettre ressemble à un **o** qui serait ouvert sur la moitié environ du côté droit, l'extrémité supérieure de l'ouverture étant renforcée par un point.

Tracer comme un **o** qui commencerait à droite par un point et s'arrêterait net à droite au tiers de la hauteur de la lettre.

Lecture.

Si je place cette lettre devant un **i**, je dis : **zzz...i** (Répétition collective, puis individuelle).

Recommencer en disant :

zz...i

puis :

zi

Même façon d'enseigner :

zu, zo, za, ze, zé, zè, zê

Interroger individuellement sur un tableau tracé avec les voyelles et diphtongues connues :

		z	c
Z / **C**	i	zi	ci
	u	zu	cu
	o	zo	co
	a	za	ca
	e	ze	ce
	é	zé	cé

		z	c
Z / **C**	è	zè	cè
	ê	zê	cê
	iu	ziu	ciu
	ui	zui	cui
	ia	zia	cia
	io	zio	cio

1° Si je place cette lettre devant un **a**, un **o** ou un **u**, je dis : **ccc...a, ccc...o, ccc...u.** (Répétition collective, puis individuelle).

Recommencer en disant : **cc...a, cc...o, cc...u** ; puis : **ca, co, cu.**

2° Si je place cette lettre devant un **e**, un **é**, un **è**, un **ê** ou un **i**, je dis : **ccc...e**, (prononcer **se**), **ccc...é** (prononcer **sé**), **ccc...è** (prononcer **sè**), **ccc...ê** (prononcer **sê**), **ccc.. i** (prononcer **si**); puis : **ce, cé, cè, cê, ci.**

3° Si, sous cette lettre, placée devant un **a**, un **u** ou un **o**, je vois une cédille (c'est un petit 5) **ç**, je prononce comme **s**, comme **c** sans cédille devant un **e** ou un **i**, je dis : **ççç...a, ççç...o, ççç...u.**

Ç	o	ço
	a	ça

Ç	u	çu
	ui	çui

Écrire au tableau les syllabes ci-dessous et interroger au hasard chaque tirailleur :

fa, va, to, do, bi, pi, za, ja, so, co, ca, zi, ji, ço, lo, ça, ce, zu, ju, ci, çu

Faire lire, puis explication ou question de l'instructeur :

zé ro	zéro	ca not	canot	ca po te	capote	cô té	côté	pu ce	puce
zè le	zèle	ce la	cela	co lè re	colère	cu ve	cuve	ra ci ne	racine
ca ca o	cacao	cé ré ale	céréale	co pie	copie	dé co ré	décoré	fa ça de	façade
ca fé	café	ci ré	ciré	cô te	côte	re çu	reçu	é cu rie	écurie

Expliquer que les signes :

z (imprimé) et *z* (écrit) | c (imprimé) et *c* (écrit)

ont le même son.

Écriture. — Tracer au tableau en décomposant :

(1) (2) *z* | (1) (2) *c* et *ç*

Expliquer :

z s'écrit en commençant la lettre *r*, puis se continue droit jusqu'à la ligne ; de ce point, remonter au-dessus de la ligne, arrondir et tracer une boucle comme celle du *j*.

c s'écrit comme un *o* que l'on commencerait par un point et que l'on laisserait ouvert pour former une liaison.

La cédille est un petit 5 que l'on trace au-dessous du *c* à partir du point où la lettre touche la ligne.

Tracer au tableau et faire tracer sur les ardoises une rangée de *z*, *c* et *ç*, de la hauteur d'un carré :

z cz cz cz cz cç

puis une rangée de la hauteur d'un demi-carré :

z cz cz cz cz cz cz cz c

puis plusieurs rangées de :

zéro, reçu, côte, zèle facile façade

DICTÉE. — Dicter quelques-unes des syllabes ci-dessus, puis les mots :
carabine, coco, cuve, reçu, puce, façade, écurie, copie, côté.

DESSIN. — Faire tracer les majuscules :

zéro — ZERO   capote — CAPOTE   reçu — REÇU

CALCUL. — ADDITION.

L'instructeur : Ajouter des nombres les uns aux autres s'appelle : **faire une addition.** Pour faire une addition vous avez appris à écrire : 2 + 3 = 5 ou 4 + 7 = 11 ; il y a une autre manière d'écrire l'opération à faire : on place les chiffres les uns au-dessous des autres. Exemple :

$$\begin{array}{r} 2 \\ +\ 3 \\ \hline =\ 5 \end{array} \quad \text{ou} \quad \begin{array}{r} 4 \\ +\ 7 \\ \hline =\ 11 \end{array}$$

Écrire au tableau et faire copier sur les ardoises :

(1) $\begin{array}{r} 5 \\ +\ 3 \\ \hline = \end{array}$ (3) $\begin{array}{r} 10 \\ +\ 6 \\ \hline = \end{array}$ (5) $\begin{array}{r} 8 \\ +\ 7 \\ \hline = \end{array}$ (7) $\begin{array}{r} 12 \\ +\ 9 \\ \hline = \end{array}$ (9) $\begin{array}{r} 18 \\ +\ 5 \\ \hline = \end{array}$ (11) $\begin{array}{r} 3 \\ +\ 4 \\ +\ 1 \\ \hline = \end{array}$

(2) $\begin{array}{r} 2 \\ +\ 7 \\ \hline = \end{array}$ (4) $\begin{array}{r} 4 \\ +\ 6 \\ \hline = \end{array}$ (6) $\begin{array}{r} 14 \\ +\ 5 \\ \hline = \end{array}$ (8) $\begin{array}{r} 16 \\ +\ 7 \\ \hline = \end{array}$ (10) $\begin{array}{r} 2 \\ +\ 1 \\ +\ 2 \\ \hline = \end{array}$ (12) $\begin{array}{r} 5 \\ +\ 3 \\ +\ 4 \\ \hline = \end{array}$

Chaque tirailleur écrit sur son ardoise le résultat des opérations. Vérifier les ardoises, puis, faire énoncer à haute voix, par les tirailleurs interpellés, les opérations et les résultats.

17e LEÇON.

X LECTURE ET ÉCRITURE. **g** ou **g**

Cette lettre se prononce d'ordinaire **cs cs cs** comme dans **fi...xe, fi...xé.**

Il y a des mots où elle n'a pas tout à fait la même prononciation; on l'apprendra plus tard.

Mimique et son. — Prononcer comme une lettre double en donnant le son **c** et le son **s** (voir ces deux lettres).

Étude. — Cette lettre est sur la ligne et de la hauteur d'un carré; elle se compose de deux barres égales et également inclinées sur la ligne, mais en sens inverse l'une de l'autre et se coupant en leur milieu.

Tracer d'abord la barre commençant en haut à gauche.

1° Cette lettre se prononce **g** (dur, donner le son en s'efforçant de ne pas dire **gue**) devant un **a**, un **o** ou un **u**, comme dans : **g...arde, g...are, g...agner, g...amelle, g...auche.**

2° Cette lettre se prononce **j** devant **e, é, è, ê, i**, comme dans : **g...eler, g...êner, g...énie, g...énéral, g...enou, g...ibier, g...ilet.**

Mimique et son. — 1° De **g** dur. La bouche étant légèrement ouverte, appuyer le bout de la langue au palais, expulser l'air du fond de la gorge en maintenant la langue contre le palais.

2° De **g** doux. Voir mimique et son de **j**.

Étude. — Cette lettre se compose d'une lettre **o**, moins grande qu'un carré, s'appuyant par le haut à la ligne supérieure et portant à droite un petit signe semblable à la tête de **f**; au-dessous de **o**, s'attache à gauche une sorte de **s** dont la partie supérieure est très aplatie et la partie inférieure plus allongée. Tracer le **o**, puis le **s** aplati et enfin le signe ⁻.

2e forme : Un **o** à la droite duquel s'appuie un **j** sans point.

Lecture.

Si je place cette lettre devant un **i**, je prononce :

xxx...i (Répétition collective, puis individuelle.)
(csi)

Recommencer en disant :

xx...i

puis :

xi

Même façon d'enseigner :

xu, xo, xa, xe, xé, xè, xê,
xio, xia, xiu, xui

1° Si je place cette lettre devant un **a**, un **o** ou un **u**, je prononce :

ga (g dur) **go** (g dur) **gu** (g dur)

2° Si je place cette lettre devant un **i**, un **e, é, è, ê**, je prononce :

gi (ji) **ge** (je) **gé** (jé) **gè** (jè) **gê** (jê)

3° (Écrire **gu**, le montrer en disant) : Ces deux lettres se prononcent **gu**; mais si, après l'**u**, je mets un **a**, un **i** ou un **e, é, è, ê**, je ne prononce plus l'**u** et je dis :

gua, gui, gue, gué, guè, guê

4° (Écrire **ge**, le montrer en disant) : ces deux lettres se prononcent **ge** (je), mais si, après le **e** je mets un **a**, un **o** ou un **u**, je ne prononce plus le **e** et je dis : **gea** (ja) **geo** (jo) **geu** (ju)

Interroger individuellement sur un tableau tracé avec les voyelles et les diphtongues ci-dessous.

x / **g**	i	xi	gi	**x** / **g**	è	xè	gè	**g**	eo
	u	xu	gu		ê	xê	gê		ea
	o	xo	go		io	xio	gio		ue
	a	xa	ga		ia	xia	gia		ué
	e	xe	ge		iu	xiu	giu		uè
	é	xé	gé		ui	xui	gui		uê
									ui

Écrire au tableau les syllabes ci-dessous et interroger au hasard chaque tirailleur :

pu, bo, ca, ti, ga, çu, xi, geo, pi, do, gu, ce, gea, ço, tu, xo, giu, jui,
co, gué, gé, jê, ça, ge, çu

Faire lire, puis explication ou question de l'instructeur :

a xe	axe	ga le rie	galerie	â gé	âgé	na ge	nage	di gue	digue
ri xe	rixe	gâ té	gâté	gê né	gêné	liè ge	liège	da gue	dague
bo xe	boxe	ri go le	rigole	ge lé	gelé	ru gi	rugi	fi gue	figue
bo xé	boxé	fi gu re	figure	ju ge	juge	na gea	nagea	gui de	guide
lu xe	luxe	ga lop	galop	ga ge	gage	geô le	geôle	gué	gué
ma la xé	malaxé	lé gu me	légume	ca ge	cage	ti ge	tige	guê pe	guêpe
ga le	gale	pa go de	pagode	ra ge	rage	re fu ge	refuge	gi got	gigot

Expliquer que les signes :

x (imprimé) et *x* (écrit) | g (imprimé) et *g* (écrit)

ont le même son.

Écriture. — Tracer au tableau en décomposant :

(1) (2) *x* | (1) (2) *o* (3) *g*

Expliquer :

x s'écrit en traçant d'abord un *c* renversé ; (le commencer par la partie supérieure) puis en y appuyant à droite un deuxième *c*.

g s'écrit en traçant un *o* (sans faire la boucle de droite ni la liaison) et en y appuyant à droite un *j* sans liaison et sans point.

Tracer au tableau et faire tracer sur les ardoises une rangée de *x* et de *g* de la hauteur d'un carré :

xg xg xg xg

puis une rangée de la hauteur d'un demi-carré :

xg xg xg xg xg xg

puis plusieurs rangées de :

gage, gigot, axe, digue, guéri.

DICTÉE. — Dicter des syllabes ou des mots ci-dessus ; y ajouter :

boxe, malaxé, galerie, figue, galop, gelé, gage, figure, gué, guêpe.

DESSIN. Faire copier les majuscules :

axe	gué	gage	cage
AXE	GUÉ	GAGE	CAGE

CALCUL. — Écrire au tableau et faire copier sur les ardoises disposées verticalement :

(1)	(3)	(5)	(7)	(9)	(11)	(13)
6 + 7 =	12 + 4 =	7 + … = 12	2 + 2 + … = 7	6 + 7 + … = 17	2 + 9 + … = 14	2 + 9 + … = 20

(2)	(4)	(6)	(8)	(10)	(12)	(14)
9 + 8 =	4 + … = 6	12 + … = 17	5 + 3 + … = 12	9 + 5 + … = 18	4 + 9 + … = 19	18 + … = 22

A partir de l'opération (4) recommencer l'explication donnée à la 11e leçon.

Chaque tirailleur écrit sur son ardoise le résultat des opérations. Vérifier les ardoises, puis, faire énoncer à haute voix, par les tirailleurs interpellés, les opérations et les résultats.

k q

18e LEÇON.

LECTURE ET ÉCRITURE.

gn

Chacune de ces lettres se prononce comme **c** (dur).

Mimique et son. — Comme **c** (dur).

Étude de **k**. — Se compose d'un jambage droit, comme un **l** auquel s'appuie à droite un signe semblable à la moitié de **x**.

Étude de **q**. — Cette lettre se compose d'un **o** à la droite duquel s'appuie un bâton droit semblable à celui de la lettre **p**. (Comparer **q** à **p**.)

Tracer d'abord l'**o**, y appuyer le bâton.

Remarque importante sur la lettre **q**. — Excepté à la fin des mots, *cette lettre est toujours suivie d'un* **u** ; cet **u** ne se prononce que dans quelques mots qui seront enseignés plus tard.

Ces deux lettres réunies ont d'ordinaire un son spécial qui n'est ni celui de **g**, ni celui de **n** ; donner le son **gn**. On retrouve ce son dans les mots : **si..gn..e, li..gn..e, ga..gn..é.**

Mimique et son. — Ouvrir les lèvres (comme pour dire **n**) en appuyant le milieu de la langue contre le palais et émettre le son en expulsant l'air par le nez.

Étude. — Tracer un **g** et un **n**.

Lecture.

Si je place cette lettre (montrer le **k**) ou les deux lettres (montrer **qu**) devant un **i**, je dis :

ki **qui**

Enseigner de même :

ku, ko, ka, ke, ké, kè, kê.
quo, qua, que, qué, què, quê.

Si je place ces deux lettres (montrer **gn**) devant un **i**, je dis :

gni

Enseigner de même :

gnu, gno, gna, gne, gné, gnè, gnê.

Interroger individuellement sur un tableau tracé avec les voyelles :

c	i	ci	ki	qui	si	"	gi	ni	gni
k	o	co	ko	quo	so	ço	go	no	gno
qu	u	cu	ku	"	su	çu	gu	nu	gnu
s	a	ca	ka	qua	sa	ça	ga	na	gna
ç	e	ce	ke	que	se	"	ge	ne	gne
g	é	cé	ké	qué	sé	"	gé	né	gné
n	ê	cê	kê	quê	sê	"	gê	nê	gnê
gn									

Écrire au tableau les syllabes ci-dessous et interroger au hasard chaque tirailleur :

ci, ka, que, co, ko, go, ço, geo, gno, ke, ce, que, gue, gne, ga, ca, gea, gna, su, çu, xu, zu, gi, gni, gui, ce, xé, ge, gné, ké, qué.

Faire lire, puis explication ou question de l'instructeur :

co ke	coke	ki lo	kilo	si gne	signe	a li gné	aligné
co que	coque	ké pi	képi	vi gne	vigne	i gno ré	ignoré
lo que	loque	qua li té	qualité	ro gné	rogné	si gna lé	signalé
to que	toque	co li que	colique	li gne	ligne	si gna tu re	signature
ko la	kola	pi qué	piqué	ga gné	gagné	ro gnu re	rognure

k *q* *gn*

Expliquer que les signes

k (imprimé) et *k* (écrit)
q (imprimé) et *q* (écrit)

gn (imprimé) et *gn* (écrit)

ont le même son.

Écriture. — Tracer au tableau en décomposant :

(1) *l* (2) *h* (3) *k* (1) *o* (2) *q* | (1) *gn* (2) *gn*

Expliquer :

k s'écrit au-dessus de la ligne, en traçant la boucle d'un *l* arrêtée à la ligne ; puis un deuxième jambage de *n* de la demi-hauteur d'un carré ; en haut de ce jambage s'accroche un signe de la même forme que la tête d'un *f* imprimé et allant jusqu'à la ligne supérieure.

q s'écrit en traçant un *o* de la hauteur d'un carré, à la droite duquel s'appuie un jambage droit allant jusqu'au bas du carré inférieur.

gn s'écrit en joignant un *g* et un *n*.

Tracer au tableau et faire tracer sur les ardoises une rangée de *k*, *q*, *gn* de la hauteur d'un carré :

ki, ko, qui, quo, gna

puis une rangée de la hauteur d'un demi-carré :

ki, ko, qui, qua, gni, gne, gno

puis plusieurs rangées de :

kola, kilo, coque, ligne, qualité, signalé, vigne

DICTÉE. — Dicter quelques-unes des syllabes ci-dessus, y ajouter les mots : *coke* (dire «à brûler»), *coque* (dire «d'œuf»), *kilo*, *képi*, *colique*, *qualité*, *café*, *aligné*, *signalé*, *ignoré*.

DESSIN. — Faire copier les majuscules :

képi	kola	qui	ignoré
KEPI	KOLA	QUI	IGNORE

CALCUL. — SOUSTRACTION. — Retrancher un nombre d'un autre nombre s'appelle **faire une soustraction.**

L'instructeur : Pour faire une soustraction, on vous a appris à écrire : 5 − 2 = 3 ou 11 − 4 = 7 ; il y a une autre manière d'écrire l'opération à faire ; on place les chiffres les uns au-dessous des autres. Exemple :

$$\begin{array}{r} 5 \\ -\ 2 \\ \hline =\ 3 \end{array} \quad \text{ou} \quad \begin{array}{r} 11 \\ -\ 4 \\ \hline =\ 7 \end{array}$$

Écrire au tableau et faire copier sur les ardoises disposées verticalement :

(1)	(3)	(5)	(7)	(9)	(11)	(13)
5 − 3 =	9 − 6 =	9 − 3 =	12 − 5 =	19 − 6 =	18 − 6 =	20 − 8 =

(2)	(4)	(6)	(8)	(10)	(12)	(14)
7 − 2 =	6 − 4 =	10 − 2 =	17 − 3 =	15 − 7 =	16 − 7 =	14 − 1 =

N. B. — Faire faire les opérations de tête (sans retrancher les unités des unités et les dizaines des dizaines).

Chaque tirailleur écrit sur son ardoise le résultat des opérations. Vérifier les ardoises ; puis, faire énoncer à haute voix, par les tirailleurs interpellés, les opérations et les résultats.

19e LEÇON.

LECTURE ET ÉCRITURE.

Cette lettre ne se prononce pas.

Mise *devant* **i, u, o, a, é, è, ê,** *dans quelques mots* français que vous entendrez plus tard, elle change un peu la prononciation de ces lettres; mais, mise après certaines lettres, elle change complètement le son de ces lettres.

Étude. — Cette lettre se compose d'un jambage comme un **l** et du deuxième jambage de **n**.

Tracer d'abord un **l**, puis y attacher le deuxième jambage d'un **n**.

ch

Si je vois **ch**, je prononce **ch** (tenir le son sans dire **cheu**) comme dans : **ch...apeau, ch...aise, ch...ambre, ch...eval, ch...emin, ch...emise, ch...eveu, ch...ien, ch...ou.**

Mimique et son. — Arrondir les lèvres en les avançant pour les éloigner des dents, qui sont ainsi rapprochées et visibles sans se toucher; les bords de la langue appuyés au palais, le bout de la langue relevé, expulser l'air comme pour imiter un échappement de vapeur.

Si je vois **ph**, je prononce **f** (tenir le son sans dire **feu**) exactement comme si on avait écrit **f**.

Mimique et son. — (Voir **f**.)

Lecture.

Si je place ce groupe de lettres devant un **i**, je dis :

ch ch ch...i, ch ch...i, chi | **ph ph ph...i, ph ph...i, phi**

Même façon d'enseigner :

chu, cho, cha, che, ché, chè, chê. | phu, pho, pha, phe, phé, phè, phê.

Interroger individuellement avec les voyelles et les diphtongues ci-dessus :

f c ç j g ch ph

i	fi	ci	"	ji	gi	chi	phi
u	fu	cu	çu	ju	gu	chu	phu
o	fo	co	ço	jo	go	cho	pho
a	fa	ca	ça	ja	ga	cha	pha
e	fe	ce	"	je	ge	che	phe
é	fé	cé	"	jé	gé	ché	phé
è	fè	cè	"	jè	gè	chè	phè
ê	fê	cê	"	jê	gê	chê	phê
ui	fui	cui	çui	jui	gui	chui	phui

g ç

eo	geo	"
ea	gea	"
ue	gue	çue
ué	gué	çué
uè	guè	çuè
uê	guê	çuê

Écrire au tableau les syllabes ci-dessous et interroger au hasard chaque tirailleur :

co, gê, phi, fe, gu, ja, geo, pha, çu, che, gui, pho, cha, fo, chu, cui, phu.

Faire lire, puis explication ou question de l'instructeur :

va che	vache	châ lit	châlit	che mi née	cheminée	ché chia	chéchia
bû che	bûche	cha riot	chariot	chi co rée	chicorée	pha re	phare
pê che	pêche	chat	chat	cho co lat	chocolat	té lé pho ne	téléphone
chê ne	chêne	chè re	chère	chô mé	chômé	pho que	phoque
cha que	chaque	chi qué	chiqué	chô ma ge	chômage	é pi ta phe	épitaphe

ch *h* *ph*

ch (imprimé) et *ch* (écrit) | Expliquer que | ph (imprimé) et *ph* (écrit) ont le même son.

Écriture. — Tracer au tableau en décomposant :

(1) *c* (2) *cl* (3) *ch* | (1) *p* (2) *pl* (3) *ph*

Tracer le *c*. puis expliquer : Tracer le *p*.

h s'écrit en traçant la boucle d'un *l* arrêté sur la ligne, y appuyer à droite le deuxième jambage d'un *n*.

Tracer au tableau et faire tracer sur les ardoises une rangée (hauteur d'un carré) :

châlit, chocolat, phare

puis plusieurs rangées (hauteur d'un demi-carré) :

chéchia, pioche, photophore

DICTÉE. — Dicter quelques syllabes ; y ajouter les mots :

chaque, chat, chariot, chicorée, phoque, téléphone, phare, chômage, pêche, pèche, vache, bûche.

DESSIN. — Faire copier les majuscules :

chat — téléphone

CHAT TELEPHONE

CALCUL. — Écrire au tableau : $2 + 5 - 4 = 3$ et expliquer : Pour faire ces opérations j'ajoute d'abord $\begin{array}{r} 2 \\ +5 \\ \hline =7 \end{array}$ puis je retranche $\begin{array}{r} 7 \\ -4 \\ \hline =3 \end{array}$

Écrire au tableau et faire copier sur les ardoises (disposées verticalement) :

3 + 2 − 1 =	3 + 2 + 5 − 2 =
4 + 3 − 2 =	5 + 4 + 4 − 3 =
5 + 4 − 2 =	2 + 5 + 1 − 3 =
6 + 3 − 5 =	6 + 4 + 2 − 5 =

Chaque tirailleur disposera les opérations en colonne verticale.

Vérifier les ardoises ; puis, faire énoncer à haute voix, par les tirailleurs interpellés, les opérations et les résultats.

20e LEÇON.

REVISION.

Lecture.

1° Faire lire **fff.....i** (en montrant successivement les deux lettres); **fi** (en montrant la syllabe).

	f	**l**	**j**	**z**	**x**	**c**	**k**	**ch**	**qu**	**ph**	**gn**	**g**	**ç**
i	fi	li	ji	zi	xi	ci	ki	chi	qui	phi	gni	gi	ci
u	fu	lu	ju	zu	xu	cu	ku	chu	qu	phu	gnu	gu	çu
o	fo	lo	jo	zo	xo	co	ko	cho	quo	pho	gno	go	ço
a	fa	la	ja	za	xa	ca	ka	cha	qua	pha	gna	ga	ça
e	fe	le	je	ze	xe	ce	ke	che	que	phe	gne	ge	"
é	fé	lé	jé	zé	xé	cé	ké	ché	qué	phé	gné	gé	"
è	fè	lè	jè	zè	xè	cè	kè	chè	què	phè	gnè	gè	"
ê	fê	lê	jê	zê	xê	cê	kê	chê	quê	phê	gnê	gê	"
iu	fiu	liu	jiu	ziu	xiu	ciu	kiu	chiu	"	phiu	"	giu	"
ui	fui	lui	jui	zui	xui	cui	kui	chui	qui	phui	"	gui	"
io	fio	lio	jio	zio	xio	cio	kio	chio	quio	phio	"	gio	"
ia	fia	lia	jia	zia	xia	cia	kia	chia	"	"	"	gia	"
eo	"	"	"	"	"	"	"	"	"	"	"	geo	"
ea	"	"	"	"	"	"	"	"	"	"	"	gea	"
ue	fue	lue	jue	zue	xue	cue	kue	chue	que	phe	"	gue	çue
ué	fué	lué	jué	zué	xué	cué	kué	chué	qué	phé	"	gué	çué
uè	fuè	luè	juè	zuè	xuè	cuè	kuè	chuè	què	phè	"	guè	çuè
uê	fuê	luê	juê	zuê	xuê	cuê	kuê	chuê	quê	phê	"	guê	çuê

2° Copier au tableau et faire lire (sans épeler) :

fa.....né (en montrant successivement les syllabes); fané (en montrant le mot entier).

Questionner sur le sens des mots. Terminer en faisant lire un mot quelconque sans syllaber :

fa né	fané	mi nu te	minute	sa bot	sabot	lu miè re	lumière
tê tu	têtu	fa ri ne	farine	sa lut	salut	te lé pho ne	téléphone
pâ té	pâté	fu mée	fumée	sé vè re	sévère	di gue	digue
é pi	épi	vé ri té	vérité	li re	lire	gué ri	guéri
é té	été	na vi re	navire	lit	lit	guê pe	guêpe
fui te	fuite	pi vot	pivot	ce ci	ceci	mu gi	mugi
ra me	rame	re vue	revue	ca po te	capote	lé gu me	légume
rô ti	rôti	bât	bât	co lè re	colère	ki lo	kilo
rue	rue	bê te	bête	cô té	côté	si gne	signe
ré u ni	réuni	boa	boa	ra ci ne	racine	co li que	colique
ri re	rire	da te	date	dé çu	déçu	qua li té	qualité
ce la	cela	ru de	rude	cu ve	cuve	si gna tu re	signature
mâ tu re	mâture	do ré	doré	liè ge	liège	ga gné	gagné
ma rié	marié	dé vê tu	dévêtu	ga le rie	galerie	va che	vache
mé ri te	mérite	de mi	demi	a xe	axe	cho co lat	chocolat
pha re	phare	pho que	phoque	bo xe	boxe	ché chia	chéchia

Faire lire les phrases suivantes, d'abord en syllabant chaque mot, puis en lisant le mot, et enfin, en lisant la phrase entière :

u ne guê pe a pi qué la fi gu re de ma mè re.
une guêpe a piqué la figure de ma mère.

le ma la de a é té mis à la diè te.
le malade a été mis à la diète.

la lu miè re du pha re de la je tée gui de le na vi re qui suit la cô te.
la lumière du phare de la jetée guide le navire qui suit la côte.

le ca not a cha vi ré.
le canot a chaviré.

Écriture. — Faire copier à main posée (hauteur d'un carré) :

une guêpe a piqué la figure de ma mère.

DICTÉE. — Dicter les mots ci-après :

képi, salut, morue, rôti, bâté, fève, déjà, dévêtu, lumière, zélé, café, reçu, boxe, gâté, gêné, gigot, toque, signalé, bûche, cheminée, téléphone.

Vérifier les ardoises, puis faire relire par un ou plusieurs tirailleurs.

DESSIN. — Faire copier les majuscules :

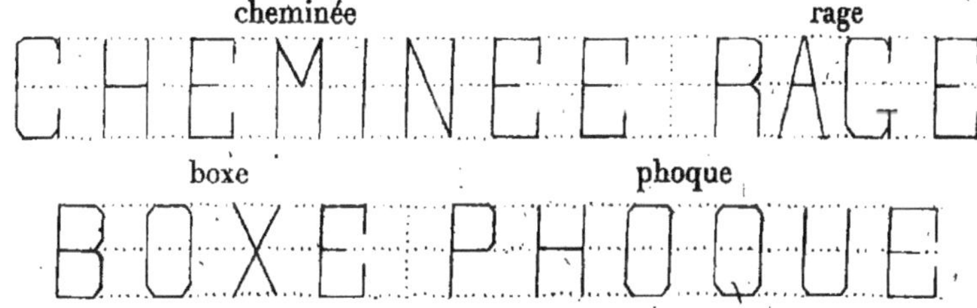

CALCUL. — Écrire au tableau :

4 + 3 + 2 + 5 =

12 + 2 + 3 + 1 =

6 + 2 + 5 + 4 + 3 =

3 + 11 + 4 + 2 =

Faire venir un tirailleur au tableau ; lui ordonner de placer les chiffres en colonne verticale et l'exercer à dire : 4 et 3, 7 et 2, 9 et 5, 14.

Même exercice pour faire dire : 5 et 2, 7 et 3, 10 et 4, 14 moins 5 = 9.

5 + 2 + 3 + 4 − 5 =

12 + 3 + 2 + 3 − 6 =

5 + 2 + 6 + 4 − 3 =

11 + 4 + 2 + 3 − 4 =

21e LEÇON.

LECTURE ET ÉCRITURE.

eu	**ou**	**oi**
se prononce comme dans : j...eu, f...eu, d...eu...x, p...eu, chev...eu. (Sauf dans le verbe avoir : j'eus, j'ai eu, etc.)	se prononce comme dans : b...ou...che, b...ou...ger, c...ou...ler, b...ou...ton, c...ou...rir, c...ou...teau.	se prononce comme dans : b...oi...re, m...oi, t...oi, b...oi...s, cr...oi...re, dev...oi...r, p...oi...ds.

Lecture.

Interroger individuellement sur un tableau tracé comme ci-après :

f m n p r b s ch

eu	feu	meu	neu	peu	reu	beu	seu	cheu
ou	fou	mou	nou	pou	rou	bou	sou	chou
oi	foi	moi	noi	poi	roi	boi	soi	choi

Écrire au tableau les syllabes ci-dessous et interroger au hasard chaque tirailleur :

veu, roi, toi, meu, nou, moi, boi, sou, loi, coi, tou, cou, soi, noi, chou, feu, seu.

Faire lire, puis explication ou question de l'instructeur :

feu	feu	mou lu	moulu	fois	fois
jeu	jeu	fou le	foule	foie	foie
de meu re	demeure	rou le	roule	joie	joie
deux	deux	sou ris	souris	voi le	voile
seu le	seule	é cou te	écoute	a voi ne	avoine
che veu	cheveu	joue	joue	é toi le	étoile
bou le	boule	bou gie	bougie	noi re	noire
bou che	bouche	bois	bois	poi re	poire
dou che	douche	boî te	boîte	sois	sois
cou che	couche	toi tu re	toiture	moi	moi
cou ru	couru	voi tu re	voiture	toi	toi
mou che	mouche	noix	noix	soi	soi

la voi tu re neu ve rou le vi te.
la voiture neuve roule vite.

la bou gie cou le.
la bougie coule.

la mou che vo le.
la mouche vole.

Écriture. — Tracer au tableau et faire tracer sur les ardoises (hauteur d'un carré) :

le café a été moulu

puis hauteur d'un demi-carré :

le matelot a roulé la voile

DICTÉE. — Dicter les phrases ci-après :

la veuve du pilote a acheté de la toile neuve à la foire. [1]
la boule noire a roulé sous la voiture.
ma mère a goûté la soupe.

Vérifier les ardoises et faire relire par un ou plusieurs tirailleurs.

DESSIN. — Tracer au tableau et faire copier sur les ardoises (*sans utiliser le quadrillage*) :

une jolie chemise

UNE JOLIE CHEMISE

de toile

DE TOILE

CALCUL. — Faire réciter (après avoir écrit au tableau) :

1 dizaine .... = 10
1 dizaine + 1 dizaine = 2 dizaines = 20
2 dizaines + 1 dizaine = 3 dizaines = 30
3 dizaines + 1 dizaine = 4 dizaines = 40
4 dizaines + 1 dizaine = 5 dizaines = 50
5 dizaines + 1 dizaine = 6 dizaines = 60
6 dizaines + 1 dizaine = 7 dizaines = 70
7 dizaines + 1 dizaine = 8 dizaines = 80
8 dizaines + 1 dizaine = 9 dizaines = 90
9 dizaines + 1 dizaine = 10 dizaines = 100

Dicter au hasard à chaque tirailleur (qui écrit sur son ardoise) des nombres : 10, 20, 30, 40, etc., puis l'interroger.

Exemple : « N..... écris 40 » ; puis : « Combien cela fait-il de dizaines ? »

---

(1) Tracer un point au tableau « . » et expliquer : Quand je vous dicte « un point », vous tracez ce signe sur la ligne.

22e LEÇON.

LECTURE ET ÉCRITURE.

Lecture.

an	**in**	**on**	**un**
se prononce comme dans :	se prononce comme dans :	se prononce comme dans :	se prononce comme dans :
b..an..c, l..an..terne, dev..an..t, m..an..dat, m..an..teau, r..an..g, pl..an..che, b..an..de, quar..an..te.	in..firmerie, l..in..ge, in..spection, v..in..gt, qu..in..ze, magas..in, chem..in, jard..in, c..in..q, moul..in.	b..on, bât..on, tal..on, p..on..t, bouch..on, chiff..on, caleç..on, bid..on, ment..on, clair..on, gal..on.	l..un..di, chac..un, br..un.

Interroger individuellement sur un tableau tracé comme ci-après :

t v n m p ph g ch								
an	tan	van	nan	man	pan	phan	gan	chan
in	tin	vin	nin	min	pin	phin	gin	chin
on	ton	von	non	mon	pon	phon	gon	chon
un	tun	vun	nun	mun	pun	phun	gun	chun
ou	tou	vou	nou	mou	pou	phou	gou	chou
oi	toi	voi	noi	moi	poi	phoi	goi	choi

Écrire au tableau les syllabes ci-dessous et interroger au hasard chaque tirailleur :

pin, cun, ton, man, phin, choi, bou, deu, gan, voi, nin, mon, soi, rou.

Faire lire, puis explication ou question de l'instructeur :

an se	anse	vin	vin	son	son	lun di	lundi
man qué	manqué	ra vin	ravin	ca non	canon	cha cun	chacun
san da le	sandale	ma tin	matin	co ton	coton	un à un	un à un
san g	sang	in ju re	injure	ca le çon	caleçon	ou ra gan	ouragan
dan se	danse	mou lin	moulin	ga lon	galon	si phon	siphon
ban de	bande	a fin	afin	sa von	savon	can ton	canton
fan fa re	fanfare	juin	juin	mou ton	mouton	quin ze	quinze
a man de	amande	cinq	cinq	i non dé	inondé	cou rant	courant
o ran ge	orange	vingt	vingt	bou ton	bouton	can ti ne	cantine

di man che ma tin, mon ca ma ra de (1) a été dans un ca fé; on lui a de man dé : que veux-tu boi re ? (2) Veux-tu du vin ou de la li mo na de ? mon ca ma ra de a ré pon du : je ne bois pas de vin ; je veux boi re de la li mo na de.

lun di, nous a vons a che té un de mi-ki lo d'a man des (3) ; cha cun de nous a man gé dou ze a man des ; puis, à la can ti ne, nous a vons de man dé à boi re; nous a vons bu un si phon de li mo na de qui nous a coû té vingt-cinq sous.

---

(1) Après la lecture syllabée, avant de faire relire couramment, l'instructeur lira, lui-même, une fois, en faisant les élisions (lire : «mon camarada été...» «douzamandes») et les liaisons («danzun café ; nouzavonzacheté...») ; *pour le moment*, ne pas donner d'explications, ne pas insister sur ce point.

(2) Expliquer le point d'interrogation.

(3) Signaler que, quand il y a une «apostrophe» entre deux mots, on doit lire comme s'il n'y avait qu'un seul mot (lire «damandes»).

Écriture. — Tracer au tableau et faire tracer sur les ardoises (hauteur d'un carré) :

la rivière coule dans le fond du ravin

puis (hauteur d'un demi-carré) :

au mois de juin un ouragan a démoli la toiture

DICTÉE. — ***ce matin[1], mon camarade a demandé du savon;[2] nous avons lavé mon caleçon, sa capote, sa chéchia; chacun de nous a réparé son caleçon déchiré.***

Vérifier les ardoises et faire relire par un ou plusieurs tirailleurs.

DESSIN. — **Faire copier les majuscules** (*sans utiliser le quadrillage*) :

un bouton manque à

UN BOUTON MANQUE A

son caleçon

SON CALEÇON

CALCUL. — Écrire au tableau et faire copier sur les ardoises :

(1) 10 + 10 = 20

(2) 10 + 10 + 10 =

(3) 10 + 20 =

(4) 10 + 10 + 10 + 10 =

(5) 30 + 10 =

(6) 10 + 10 + 10 + 10 + 10 =

(7) 40 + 10 =

(8) 10 + 10 + 10 + 10 + 10 + 10 =

(9) 50 + 10 =

(10) 10 + 10 + 10 + 10 + 10 + 10 + 10 =

(11) 60 + 10 =

(12) 10 + 10 + 10 + 10 + 10 + 10 + 10 + 10 =

(13) 70 + 10 =

(14) 10 + 10 + 10 + 10 + 10 + 10 + 10 + 10 + 10 =

(15) 80 + 10 =

(16) 10 + 10 + 10 + 10 + 10 + 10 + 10 + 10 + 10 + 10 =

(17) 90 + 10 =

(18) 20 + 20 =

(19) 30 + 40 =

(20) 20 + 50 =

(21) 60 + 20 =

(22) 30 + 70 =

Chaque tirailleur écrit sur son ardoise le résultat des opérations. Vérifier les ardoises; puis, faire énoncer à haute voix, par les tirailleurs interpellés, les opérations et les résultats.

---

(1) Tracer une virgule au tableau « , » et expliquer : Quand je vous dicte « virgule » vous tracez ce signe sur la ligne.

(2) Tracer un point et virgule au tableau « ; » et expliquer : Quand je vous dicte « point et virgule » vous tracez une virgule et un point un peu au-dessus.

23e LEÇON.

LECTURE ET ÉCRITURE.

Lecture.

oin	**ieu**	**ian**	**ion**
se prononce comme dans :	se prononce comme dans :	se prononce comme dans :	se prononce comme dans :
c..oin, f..oin, j..oin..t, m..oin..s, p..oin..te, s..oin.	l..ieu, mil..ieu, ad..ieu, v..ieu..x, p..ieu.	v..ian..de, r..ian..t, sour..ian..t, cop..ian..t.	av..ion, gab..ion, pens..ion, cam..ion.

Interroger individuellement sur un tableau tracé comme ci-après :

c	ian	cian	vian	pian	gian	rian	dian	mian	lian
v	oin	coin	voin	poin	goin	roin	doin	moin	loin
p	ieu	cieu	vieu	pieu	gieu	rieu	dieu	mieu	lieu
g	ion	cion	vion	pion	gion	rion	dion	mion	lion
r	an	can	van	pan	gan	ran	dan	man	lan
d	in	cin	vin	pin	gin	rin	din	min	lin
m	on	con	von	pon	gon	ron	don	mon	lon
l	un	cun	vun	pun	gun	run	dun	mun	lun
	oi	coi	voi	poi	goi	roi	doi	moi	loi
	ou	cou	vou	pou	gou	rou	dou	mou	lou
	eu	ceu	veu	peu	geu	reu	deu	meu	leu

Écrire au tableau les syllabes suivantes et interroger au hasard chaque tirailleur :

poin, dieu, fian, lion, moi, moin, peu, pieu, gan, goin, vion, vieu, mou, mun, lou, loi, loin.

Faire lire, puis explication ou question de l'instructeur :

coin	coin	lieu	lieu	vian de	viande	lion	lion
foin	foin	pieu	pieu	riant	riant	pion	pion
soin	soin	vieux	vieux	sou riant	souriant	lé gion	légion
moins	moins	mi lieu	milieu	co piant	copiant	ré gion	région
poin te	pointe	a dieu	adieu	con fiant	confiant	fa nion	fanion
té moin	témoin	mieux	mieux	liant	liant	u nion	union
join tu re	jointure	cieux	cieux	dé liant	déliant	ré u nion	réunion
poin tu re	pointure	sé rieux	sérieux	mé fiant	méfiant	ca mion	camion

le lion man ge de la vian de; l'â ne man ge du foin ou de l'a voi ne; mon ca ma ra de dan se moins vi te que moi; je chan te mieux que lui; u ne poin te du banc a dé chi ré le mi lieu du fond de mon vieux pan ta lon.

Écriture. — Tracer au tableau et faire tracer sur les ardoises (hauteur d'un carré) :

l'âne a mangé de l'avoine

puis (hauteur d'un demi-carré) :

je dis adieu à mon camarade

DICTÉE. — *mon ami m'a rejoint au milieu de la rue, devant la boucherie du coin; j'ai mangé ma soupe avant la viande rôtie, puis j'ai mangé un légume.*

Vérifier les ardoises, puis faire relire par un ou plusieurs tirailleurs.

DESSIN. — Faire copier les majuscules (*sans utiliser le quadrillage*).

le jeune lion a tué

LE JEUNE LION A TUÉ

un vieux mouton

UN VIEUX MOUTON

CALCUL. — Écrire au tableau et faire copier sur les ardoises :

(1) 10 + 10 + 1 = 21	(5) 10 + 10 + 6 =	(9) 10 + 10 + 10 + 1 =	(13) 10 + 10 + 17 =	(17) 10 + 11 + 13 =
(2) 10 + 10 + 2 =	(6) 10 + 10 + 8 =	(10) 10 + 10 + 11 =	(14) 10 + 10 + 19 =	(18) 12 + 10 + 14 =
(3) 10 + 10 + 3 =	(7) 10 + 10 + 9 =	(11) 10 + 10 + 12 =	(15) 10 + 10 + 20 =	(19) 14 + 12 + 13 =
(4) 10 + 10 + 5 =	(8) 10 + 10 + 10 =	(12) 10 + 10 + 14 =	(16) 10 + 11 + 10 =	(20) 14 + 10 + 16 =

A. Pour l'opération (1), expliquer : j'additionne d'abord les chiffres de la colonne de droite (colonne des unités) : 0 + 0 + 1 = 1 ; j'écris 1 sous la barre, dans la colonne de droite ; puis, j'additionne les chiffres des dizaines : 1 + 1 = 2 ; j'écris le chiffre 2 sous la barre, à la gauche du chiffre 1 ; je lis 21.

Ce nombre 21 est bien le **total** des trois nombres placés au-dessus de la barre ; en effet, 10 + 10 + 1 = 21. Donc, je vois que *pour additionner des nombres, je les mets les uns sous les autres, de façon que les nombres plus petits que 10 (les unités) soient sur une même colonne et que les dizaines soient aussi sur une même colonne (comme c'est écrit au tableau) ; ensuite, j'additionne les chiffres de chaque colonne et j'écris le total au bas de chaque colonne.*

Faire effectuer, sur les ardoises, les opérations (2) à (19) inclus ; vérifier les ardoises et faire énoncer, par un ou plusieurs tirailleurs, les opérations effectuées : 0 + 0 + 2 = 2 ; j'écris 2 au bas de la colonne de droite ; après, j'additionne les chiffres de la colonne de gauche : 1 + 1 = 2 ; cela fait 2 dizaines ; j'écris ce chiffre sous la colonne de gauche ; je lis 22 ; c'est le *total* de 10 + 10 + 2.

B. Pour l'opération (20), expliquer : J'opère comme on m'a déjà appris : 4 + 6 = 10, ce qui me fait *une dizaine ;* cette dizaine doit s'ajouter aux dizaines de la colonne de gauche ; je dis donc : 1 dizaine de la colonne de droite (+ 1...2...3) + 3 dizaines de la colonne de gauche = 4 dizaines = 40.

C'est comme si j'avais dit : 4 + 6 = 10, j'écris 0 à la colonne de droite (colonne des unités) et j'ajoute *1* dizaine à la colonne de gauche ; donc 1 + 1 + 1 + 1 = 4, que j'écris en bas de la colonne de gauche, colonne des chiffres des dizaines ; je lis 4.....0 ; cela fait 40. 40 est le *total* des nombres 14 + 10 + 16.

24e LEÇON.

LECTURE ET ÉCRITURE.

Lecture.

ai	ei	au	eau

a...**i** et **e**...**i** se prononcent **è** dans presque tous les mots français.

(A l'usage, les tirailleurs apprendront les mots où **ai** et **ei** ont le son de **é**).

Comme dans : bal...ai, ai...de, l...ai...ne, p...ei...ne, r...ei...ne, n...ei...ge.

a...**u** et **e**...**a**...**u** se prononcent **ô** comme dans : j...au...ne, au...cun, eau, b...eau, p...eau, v...eau.

Interroger individuellement sur un tableau tracé comme ci-dessous :

f n r p s b ch l m v

ai	fai	nai	rai	pai	sai	bai	chai	lai	mai	vai
ei	fei	nei	rei	pei	sei	bei	chei	lei	mei	vei
au	fau	nau	rau	pau	sau	bau	chau	lau	mau	vau
eau	feau	neau	reau	peau	seau	beau	cheau	leau	meau	veau

Écrire au tableau les syllabes ci-dessous et interroger au hasard chaque tirailleur :

fai, veau, bei, pai, rau, fei, neau, bai, voi, lou, sau, rei, chai.

Faire lire, puis explication ou question de l'instructeur :

mai	mai	chaî ne	chaîne	au cun	aucun	beau	beau
ba lai	balai	nei ge	neige	chau de	chaude	beau té	beauté
lai ne	laine	vei ne	veine	jau ne	jaune	ba teau	bateau
chan tait	chantait	pei ne	peine	au ge	auge	peau	peau
ri ait	riait	se rei ne	sereine	au tant	autant	veau	veau
ja mais	jamais	pei gne	peigne	sau va ge	sauvage	seau	seau
paix	paix	rei ne	reine	tau reau	taureau	nou veau	nouveau
ai de	aide	ba lei ne	baleine	poi reau	poireau	a gneau	agneau
se mai ne	semaine	au ro re	aurore	cou teau	couteau	ra meau	rameau
chai se	chaise	au be	aube	eau	eau	bu reau	bureau

ce ma tin, le tau reau a bu l'eau de l'au ge ; le veau a bu dans un seau ;
l'a gneau a té té sa mè re ; il a bu du lait ;
si je me cou pe u ne vei ne, mon sang cou le ra.

Écriture. — Tracer au tableau et faire tracer sur les ardoises (hauteur d'un carré) :

on a tué un taureau sauvage.

puis (hauteur d'un demi-carré) :

à l'aube j'ai vu une automobile jaune.

DICTÉE. — *le matin, je me lève, je me lave, je me peigne, je range ma literie, je mange un peu en buvant mon café. l'eau de l'auge coule dans la rigole jusqu'à la rue. j'ai mangé de la soupe aux poireaux, du veau sauté aux oignons.*

DESSIN. — Faire tracer les majuscules (*sans utiliser le quadrillage*) :

je n'ai jamais vu

JE N'AI JAMAIS VU

de neige

DE NEIGE

CALCUL. — Écrire au tableau et faire copier sur les ardoises :

(1) 12 + 8 + 10 =

(4) 16 + 3 + 11 =

(7) 13 + 14 + 12 =

(10) 12 + 9 + 7 + 19 =

(13) 12 + 11 + 17 + 6 =

(2) 16 + 2 + 12 =

(5) 15 + 4 + 13 =

(8) 10 + 10 + 10 + 10 =

(11) 14 + 11 + 9 + 10 =

(14) 10 + 10 + 10 + 10 + 11 =

(3) 14 + 3 + 15 =

(6) 12 + 6 + 16 =

(9) 12 + 7 + 14 + 8 =

(12) 17 + 12 + 10 + 6 =

(15) 15 + 9 + 14 + 16 =

A. Pour l'opération (3), expliquer : 4 + 3 + 5 = 12 ; cela fait *une dizaine* plus deux unités ; j'écris le 2 en bas de la colonne des unités ; j'additionne la dizaine aux dizaines de la colonne de gauche ; je dis 4 + 3 + 5 = 12, je pose 2 et **je retiens** 1 (dizaine) que j'ajoute aux autres dizaines en disant : **1 de retenue** + 1 + 1 = 3 (dizaines) ; j'écris 3 en bas de la colonne de gauche ; le total est 32.

Faire vérifier en comptant des objets quelconques ou des barres tracées au tableau.

B. Pour l'opération (9), même explication que ci-dessus (avec la retenue 2).

Faire effectuer les opérations sur les ardoises ; vérifier les ardoises ; puis, faire énoncer, par un ou plusieurs tirailleurs, les opérations effectuées et les résultats.

25e LEÇON.

LECTURE ET ÉCRITURE.

Lecture.

A. Faire lire :
1° En faisant tenir le son de la voyelle et en y joignant celui de la consonne ;
2° En énonçant l'articulation d'une seule émission de voix. Exemple : **a**...**b** ...**ab**.

a	b	ab	ib	ob	ub
i	c	ac	ic	oc	uc
o	d	ad	id	od	ud
u	f	af	if	of	uf
	g	ag	ig	og	ug
	l	al	il	ol	ul
	p	ap	ip	op	up
	r	ar	ir	or	ur
	s	as	is	os	us
	t	at	it	ot	ut
	z	az	iz	oz	uz

B. Faire lire en prononçant chaque articulation d'une seule émission de voix :

ab	ac	ad	af	ag	al	ap	ar	as	at	az
ib	ic	id	if	ig	il	ip	ir	is	it	iz
ob	oc	od	of	og	ol	op	or	os	ot	oz
ub	uc	ud	uf	ug	ul	up	ur	us	ut	uz

Faire lire, puis explication ou question de l'instructeur :

arme	sardine	altéré	biscuit	alcool (1)	guirlande	mordre
armoire	tartine	arbuste	bordure	corne	herbe	mort
arsenal	partir	arche	calcul	culbute	histoire	orge
bal	venir	marché	canal	dicté	juste	os
bocal	tenir	aspiré	canard	disposé	vis	palme
barbe	courir	gaz	carpe	disputé	larme	porte
cheval	finir	roc	casque	distance	liste	poste
sac	pic	bac	charbon	fil	marche	pur
lac	soupir	barque	chargé	garde	mardi	caporal
arc	adjudant	soldat	corbeau	garni	marmite	
animal	pastèque	marque	corde	gorge	marteau	

mon ça ma ra de a bu de l'al cool ; il ne peut pas se te nir de bout ; il ne sait pas ce qu'il dit, ni ce qu'il fait ; il pa raît fou — on ne doit pas boi re d'al cool.

Écriture. — Tracer au tableau et faire tracer sur les ardoises (hauteur d'un carré) :

le caporal a astiqué son sac

puis (hauteur d'un demi-carré) :

l'adjudant va partir à la marche

(1) Prononcer « alcol ».

DICTÉE. — *mon camarade a été malade toute la nuit; ce matin, le médecin-major lui a fait boire un remède qui était salé; ce soir, mon camarade m'a dit:*[1] «[2] *je vais un peu mieux, le médecin m'a donné un jour de repos; il m'a dit que dans deux jours je serai guéri.* »

DESSIN. — Faire copier les majuscules (*sans utiliser le quadrillage*):

le	canard	nage
LE	CANARD	NAGE
sur	le	lac
SUR	LE	LAC

CALCUL. — Écrire au tableau et faire copier sur les ardoises:

(1) 22 + 6 + 19 + 31 =	(4) 17 + 27 + 19 + 38 =	(7) 42 + 21 + 19 + 27 =	(10) 77 + 3 + 19 + 40 =
(2) 35 + 14 + 17 + 29 =	(5) 19 + 28 + 21 + 37 =	(8) 26 + 33 + 20 + 34 =	(11) 16 + 54 + 2 + 63 =
(3) 16 + 27 + 19 + 38 =	(6) 34 + 35 + 23 + 19 =	(9) 30 + 25 + 19 + 47 =	(12) 28 + 39 + 48 + 57 =

A. Pour l'opération (3), le total de la colonne des dizaines est 10; expliquer: 3 + 1 + 2 + 1 + 3 = 10, cela fait 10 dizaines; je lis le total 100 (cent), c'est *une centaine.*

B. Après l'opération (4), apprendre aux élèves à lire un nombre plus fort que 100; 101 se lit: cent un.

C. Pour les autres opérations de (6) à (12), mêmes explications que ci-dessus.

Faire effectuer les opérations sur les ardoises; vérifier les ardoises; puis, faire énoncer par un ou plusieurs tirailleurs les opérations effectuées et les résultats.

---

(1) Tracer deux points au tableau « : » et expliquer: Quand je dicte « deux points », vous tracez un point sur la ligne et un autre un peu au-dessus.

(2) Tracer des guillemets au tableau « » et expliquer: Quand je dicte « ouvrez les guillemets » vous tracez ce signe sur la ligne « (le montrer au tableau); quand je dicte « fermez les guillemets » vous tracez cet autre signe sur la ligne » (le montrer au tableau).

26e LEÇON.

LECTURE ET ÉCRITURE.

Lecture.

ff ll mm nn pp rr ss tt

L'instructeur : Quand, dans un mot, on trouve en double une de ces huit lettres, on prononce généralement comme s'il n'y en avait qu'une (1).

Faire lire, puis, explication ou question de l'instructeur :

affolé	arrivé	malle	immédiat	sonne	fossé
allongé	attaché	tasse	immobile	goutte	mousse
annulé (2)	donne	cassé	irrité	carotte	pousse
appétit	patte	entassé	quitte	carrosse	rousse
apporté	salle	masse	osseux	homme	secousse
arraché	gomme	illuminé (3)	étoffe	pomme	

do nne - moi u ne bo nne ta sse de ca fé;
un ho mme a rri vé ce ma tin a a ppor té : u ne ma lle, u ne pe ti te cai sse, un sac de toi le; il a a tta ché son che val à un ar buste, le che val a re cu lé, il a do nné u ne for te se cou sse, il a ca ssé la cor de, il a rou lé dans le fo ssé.
mi lle lam pes i llu mi nent la vi lle.

Écriture. — **Tracer au tableau et faire tracer sur les ardoises (hauteur d'un carré) :**

assoiffé, il a bu l'eau du ruisseau

puis (hauteur d'un demi-carré) :

j'ai quitté ma culotte et je l'ai raccommodée

DICTÉE. — ***j'ai demandé une permission de minuit, je suis allé au cinéma; la salle était illuminée; puis il a fait nuit; sur le mur, devant moi, j'ai vu courir des hommes et des dames; personne ne parlait, mais j'ai beaucoup ri quand même.***

DESSIN. — **Faire copier les majuscules** (*sans utiliser le quadrillage*) :

une — mousse — épaisse

UNE MOUSSE EPAISSE

tapisse — le — sol

TAPISSE LE SOL

---

(1) Remarquer qu'il n'est cité en exemple aucun mot contenant la voyelle e suivie d'une lettre redoublée, ce cas sera étudié spécialement.

(2) **ann, inn, onn, unn** ne se prononcent pas *an*, *in*, *on*, *un*, mais **ane, ine, one, une.**

(3) Le double l mouillé (ill) est étudié plus loin.

CALCUL. — SOUSTRACTION.

Nous avons déjà appris que retrancher un nombre d'un autre nombre s'appelle « **faire une soustraction** ». Exemple : de 6 cartouches, je retranche 2 cartouches, c'est faire la soustraction 6 – 2.

Pour faire une soustraction, on écrit toujours le nombre le plus petit au-dessous du plus grand et on trace une barre. Exemple :

$$\begin{array}{r} 6 \\ -\ 2 \\ \hline = \end{array}$$

A. Nous savons déjà faire une soustraction quand les deux nombres n'ont qu'un seul chiffre.

Je dois faire la soustraction 6 – 2.

J'écris :

$$\begin{array}{r} 6 \\ -\ 2 \\ \hline = \end{array}$$

Je dis : 2 ôté de 6 reste 4 ; j'écris 4 au-dessous de la barre, dans la même colonne que les chiffres 6 et 2 (colonne des unités).

4 est **la différence** entre 6 et 2 ; en effet :

$$2 + 4 = 6.$$

B. Le plus grand nombre a deux chiffres, le plus petit n'en a qu'un.

Je dois faire la soustraction : 14 – 2.

J'écris :

$$\begin{array}{r} 14 \\ -\ 2 \\ \hline = \end{array}$$

de façon que *les unités* des deux nombres soient dans la même colonne.

Je retranche 2 (unités) de 4 unités, je dis : 2 ôté de 4 reste 2. J'écris 2 au-dessous de la barre dans la colonne des unités ; puis je dis : 0 dizaine ôté de 1 dizaine, reste 1 dizaine ; j'écris 1 au-dessous de la barre dans la colonne des dizaines :

$$\begin{array}{r} 14 \\ -\ 2 \\ \hline =\ 12 \end{array}$$

12 est **la différence** entre 14 et 2, en effet :

$$12 + 2 = 14.$$

Écrire au tableau et faire copier sur les ardoises :

$$\begin{array}{r} 8 \\ -\ 3 \\ \hline = \end{array} \quad \begin{array}{r} 9 \\ -\ 4 \\ \hline = \end{array} \qquad \begin{array}{r} 18 \\ -\ 4 \\ \hline = \end{array} \quad \begin{array}{r} 13 \\ -\ 7 \\ \hline = \end{array} \quad \begin{array}{r} 26 \\ -\ 5 \\ \hline = \end{array} \quad \begin{array}{r} 29 \\ -\ 7 \\ \hline = \end{array}$$

$$\begin{array}{r} 5 \\ -\ 2 \\ \hline = \end{array} \quad \begin{array}{r} 7 \\ -\ 3 \\ \hline = \end{array} \qquad \begin{array}{r} 38 \\ -\ 6 \\ \hline = \end{array} \quad \begin{array}{r} 37 \\ -\ 3 \\ \hline = \end{array} \quad \begin{array}{r} 45 \\ -\ 4 \\ \hline = \end{array} \quad \begin{array}{r} 59 \\ -\ 6 \\ \hline = \end{array}$$

Faire effectuer les opérations sur les ardoises.

Vérifier les ardoises ; puis, faire énoncer, par un ou plusieurs tirailleurs, en raisonnant comme ci-dessus, les opérations effectuées.

27ᵉ LEÇON.

LECTURE ET ÉCRITURE.

Lecture.

A. Faire lire les articulations composées ci-dessous :

1° En faisant tenir le son de la première consonne (simple ou double) et en y joignant ensuite le son de la voyelle [1];

2° En énonçant l'articulation d'une seule émission de voix.

f	li	fli	pli	bli	gli	f	ri	fri	pri	bri	gri
	lu	flu	plu	blu	glu		ru	fru	pru	bru	gru
p	lo	flo	plo	blo	glo	p	ro	fro	pro	bro	gro
	la	fla	pla	bla	gla		ra	fra	pra	bra	gra
b	le	fle	ple	ble	gle	b	re	fre	pre	bre	gre
	lé	flé	plé	blé	glé		ré	fré	pré	bré	gré
	lè	flè	plè	blè	glè		rè	frè	prè	brè	grè
g	lê	flê	plê	blê	glê	g	rê	frê	prê	brê	grê

B. Faire lire en prononçant les articulations ci-dessus d'une seule émission de voix :

fli	flu	flo	fla, etc.	fri	fru	fro	fra, etc.
pli	plu	plo	pla, etc.	pri	pru	pro	pra, etc.
cli	clu	clo	cla, etc.	cri	cru	cro	cra, etc.

Faire lire, puis explication ou question de l'instructeur :

flûte	aplati	clôture	souffre	bridon	ébréché	graisse	trois
joufflu	plan	cloche	frère	brûlé	cri	groupe	trop
flot	plongé	clé	fruit	brutal	crû	gratuit	trot
flacon	planche	clou	fromage	brique	croûte	grêle	trou
flèche	établi	blanc	froid	brin	cravate	grue	troublé
pli	oubli	glissé	front	brun	écriture	grenade	troupeau
plié	capable	glace	prune	branche	ancre	grand	montre
plume	câble	règle	propre	brosse	gris	bride	phrase
pluie	blé	réglé	pratique	bras	griffe	tribune	drap
plus	accablé	épingle	préparé	brave	aigri	tribunal	drapeau
place	blâme	friture	près	sabre	aigre	tricot	droite
souple	table	frotté	prêt	brebis	gros	tringle	libérable
plaque	sable	frappé	abri	brèche	gras	truie	tricolore

un grand drapeau flotte à l'arrière du bateau.
la pluie a laissé sur la place de larges flaques d'eau.
la corvée a ramassé du sable gris sur la plage.
le caporal a tracé à la craie, sur le tableau, une ligne droite; il a pris son livre, il a lu, puis il a écrit; il a un porte-plume, une plume; il a aussi une règle.

---

(1) Quelques indigènes éprouvent une assez grande difficulté à prononcer certaines articulations composées, par exemple : ils disent fala, bala, gala, pala, au lieu de fla, bla, gla, pla, etc.; pour les amener à prononcer correctement, l'instructeur, durant le premier exercice, leur fait tenir le son sur la première consonne, pendant un temps suffisamment long, en disant même au début, si c'est indispensable : fela, bela, pela, etc.

Écriture. — Tracer au tableau et faire tracer sur les ardoises (hauteur d'un carré) :

j'ai brossé ma culotte de drap

puis (hauteur d'un demi-carré) :

la branche de l'arbre plie sous le poids des fruits

DICTÉE. — *mon frère a crié très fort, il a fait du bruit, il a frappé son camarade, il lui a fait du mal au bras droit et au front; il a été puni pour sa brutalité.*

DESSIN. — Faire copier les majuscules (*sans utiliser le quadrillage*) :

la pluie glisse sur la

LA PLUIE GLISSE SUR LA

vitre de la fenêtre

VITRE DE LA FENÊTRE

CALCUL. — Soustraction (*suite*).

C. Les deux nombres ont deux chiffres, c'est-à-dire renferment des dizaines et des unités.

Je dois faire la soustraction : 36 – 14.

J'écris :

$$\begin{array}{r} 36 \\ -\ 14 \\ \hline = \end{array}$$

de façon que les unités d'un nombre soient sous les unités de l'autre et les dizaines sous les dizaines.

Mais : 36 = 30 + 6 et 14 = 10 + 4.

Je vais retrancher 4 unités de 6 unités, puis 1 dizaine de 3 dizaines.

Je dis : 4 ôté de 6 reste 2 ; j'écris 2 au-dessous de la barre, dans la colonne des unités; puis je dis : 1 ôté de 3 reste 2 ; j'écris 2 au-dessous de la barre, dans la colonne des dizaines.

$$\begin{array}{r} 36 \\ -\ 14 \\ \hline =\ 22 \end{array}$$

22 est la *différence* entre 36 et 14.

En effet : 22 + 14 = 36.

D. Le chiffre des unités du nombre le plus petit est plus fort que le chiffre des unités du nombre le plus grand.

Je dois faire la soustraction : 32 – 4.

J'écris :

$$\begin{array}{r} 32 \\ -\ 4 \\ \hline = \end{array}$$

Je dis : 4 ôté de 2... c'est impossible.

J'emprunte 1 dizaine aux 3 dizaines de 32 et, pour ne pas oublier cet emprunt, pour le *retenir*, je l'inscris en mettant un 1 au-dessus du chiffre des dizaines :

$$\begin{array}{r} {}^{1} \\ 32 \\ -\ 4 \\ \hline = \end{array}$$

En ajoutant à 2 les 10 unités empruntées à 30, j'ai en haut 12 unités; je dis : 4 ôté de 12 reste 8 ; j'écris 8 au-dessous de la barre, dans la colonne des unités :

$$\begin{array}{r} {}^{1} \\ 32 \\ -\ 4 \\ \hline =\ 8 \end{array}$$

Le 1 écrit au-dessus de 3 me fait *retenir* que j'ai emprunté 1 dizaine aux 3 dizaines, ce chiffre écrit ainsi s'appelle **la retenue**

Je dis : *1 de retenue* ôté de 3 reste 2 ; j'écris 2 au-dessous de la barre, dans la colonne des dizaines.

$$\begin{array}{r} {}^{1} \\ 32 \\ -\ 4 \\ \hline =\ 28 \end{array}$$

28 est la *différence* entre 32 et 4 ; en effet : 28 + 4 = 32.

Écrire au tableau et faire copier sur les ardoises :

$$\begin{array}{rrrrrrrrrrrr} 18 & 29 & 35 & 47 & 14 & 17 & 25 & 27 & 36 & 37 & 44 & 56 \\ -\ 13 & -\ 14 & -\ 22 & -\ 23 & -\ 8 & -\ 9 & -\ 6 & -\ 9 & -\ 8 & -\ 7 & -\ 5 & -\ 9 \\ \hline = & = & = & = & = & = & = & = & = & = & = & = \end{array}$$

Faire effectuer les opérations sur les ardoises. Vérifier les ardoises, puis faire énoncer, par un ou plusieurs tirailleurs, en raisonnant comme ci-dessus, pour les opérations effectuées.

28e LEÇON.

LECTURE ET ÉCRITURE.

Lecture.

A. Faire lire les articulations composées ci-dessous :

1° En faisant tenir le son de la première consonne et en y joignant ensuite le son de la syllabe;

2° En énonçant l'articulation d'une seule émission de voix.

S	cu	scu	S	pi	spi	S	ti	sti	S	li	sli	S	phi	sphi
	co	sco		pu	spu		tu	stu		lu	slu		phu	sphu
	ca	sca		po	spo		to	sto		lo	slo		pho	spho
				pa	spa		ta	sta		la	sla		pha	spha
				pe	spe		te	ste		le	sle		phè	sphè
				pé	spé		té	sté		lé	slé		phê	sphê
				pè	spè		tè	stè		lè	slè			
				pê	spê		tê	stê		lê	slê			

B. Faire lire en prononçant les articulations d'une seule émission de voix.

scu	spi	sti	sli	sphi
sco	spu	stu	slu	sphu
sca	spo	sto	slo	spho
	spa	sta	sla	spha
	spe	ste	sle	sphè
	spé	sté	slé	sphê
	spè	stè	slè	
	spê	stê	slê	

Faire lire, puis, explication ou question de l'instructeur :

obscure	spécial	obstiné
obscurité	spécialité	studieux
sculpteur	sport	store
scolaire	spahi	statue
scorpion	stimulant	stérile
scarabée	stère	slave
spirale	sphère	sphinx

un scorpion à piqué le petit garçon au talon.
un store très épais a été placé devant la fenêtre; la pièce a été obscurcie.
la vapeur monte en spirale dans l'air.
la statue de marbre élevée sur la place a été sculptée par un artiste statuaire.
le spahi avait un grand manteau rouge.
l'élève studieux fait de rapides progrès.

Écriture. — Tracer au tableau et faire tracer sur les ardoises (hauteur d'un carré) :

le sport stimule l'activité

puis (hauteur d'un demi-carré) :

nous avons acheté un stère de bois

DICTÉE. — *le scarabée, caché derrière le store, voulait sortir de la salle; il s'élançait stupide contre la vitre qu'il ne voyait pas.*

DESSIN. — Faire copier les majuscules (*sans utiliser le quadrillage*) :

réfléchis avant

REFLECHIS AVANT

de répondre

DE REPONDRE

CALCUL. — SOUSTRACTION.

Je dois faire la soustraction : 53 – 28.
J'écris :

$$\begin{array}{r} 53 \\ -\ 28 \\ \hline = \end{array}$$

Je dis : 8 ôté de 3..... c'est impossible. J'emprunte une dizaine aux 5 dizaines de 53 et, *pour la retenir*, j'inscris **la retenue** au-dessus de 5 :

$$\begin{array}{r} 1 \\ 53 \\ -\ 28 \\ \hline = \end{array}$$

Je dis : 8 ôté de 13 reste 5 que j'écris; puis, je dis : 1 de retenue et 2 = 3; 3 (dizaines) ôté de 5 (dizaines) reste 2 que j'écris; le résultat de l'opération est 25.

25 est la *différence* entre 53 et 28.

En effet : 25 + 28 = 53.

Écrire au tableau et faire copier sur les ardoises :

$$\begin{array}{r} 42 \\ -\ 19 \\ \hline = \end{array} \qquad \begin{array}{r} 66 \\ -\ 27 \\ \hline = \end{array} \qquad \begin{array}{r} 71 \\ -\ 38 \\ \hline = \end{array} \qquad \begin{array}{r} 83 \\ -\ 54 \\ \hline = \end{array} \qquad \begin{array}{r} 96 \\ -\ 47 \\ \hline = \end{array}$$

Faire effectuer les opérations sur les ardoises.

Vérifier les ardoises, puis faire énoncer, par un ou plusieurs tirailleurs, en raisonnant comme ci-dessus, pour les opérations effectuées.

29e LEÇON.

LECTURE ET ÉCRITURE.

Lecture.

our, oir eur	**il, ail, eil, euil, ouil, ill aill, eill, euill, ouill**
La lettre **r** se fait sentir même quand elle est suivie d'un **s** ou d'un **t** (sauf dans Monsieur ou Messieurs).	La lettre **l** est dite mouillée quand on la prononce comme si elle était *suivie* d'un **i** *très faible.* La lettre **l** *mouillée* s'écrit par **il** *à la fin* des mots et par **ill** *au milieu.* Exemple : trava...il, verme...il, seu...il, feu...ill...e, aigu...ill...e, fill...e. Mais **ill** se prononce **il** en faisant sentir les deux lettres **l** au commencement des mots. Exemple : ill...ustre, se prononce il...lustre; illi...mité = il...limité.

Faire lire en prononçant d'une seule émission de voix :

our, oir, eur | il, ail, eil, euil, ouil, ill, aill, eill, euill, ouill

Faire lire, puis explication ou question de l'instructeur :

cour	fermoir	péril	sommeil	famille	tirailleur
tour	bonsoir	babil	pareil	caille	abeille
four	mouchoir	ail	seuil	baille	oreille
jour	couloir	bail	écureuil	taille	vermeille
journal	chanteur	émail	fauteuil	paille	bouteille
bonjour	odeur	chandail	aiguille	maille	veillée
autour	beurre	détail	fille	médaille	feuille
sourd	fumeur	bétail	quille	caillou	portefeuille
noir	bonheur	soleil	vrille	papillon	rouille
voir	malheur	réveil	bille	bataille	bouilli
au revoir	saveur	orteil	brillant	bataillon	mouillé
soir	acteur	conseil	cheville	muraille	bouillon

Lire les mots suivants qui font exception à la règle de prononciation donnée ci-dessus :

fusil, gentil, outil, persil, fils, mille, ville, village, tranquille, Lille, oscillant, illégal, illustre, illuminé, illimité

le clairon sonne le réveil; le tirailleur s'éveille; il s'habille, se débarbouille; va boire son café; puis, le soleil brille; la ville jusque-là tranquille, sort de son sommeil, se réveille à son tour.

du seuil de la chambre de détails, l'adjudant regarde dans le couloir; le bataillon se range autour de la cour; les tirailleurs, armés de leur fusil, se rangent par rang de taille.

la famille du tailleur se compose du père, de la mère, de deux fils, d'une fille.

Écriture. — Tracer au tableau et faire tracer sur les ardoises (hauteur d'un carré) :

la chaleur du soleil

puis (hauteur d'un demi-carré) :

la caille sautille dans le champ de mil

DICTÉE. — *dans la cour, un caillou noir, mouillé par la pluie, puis éclairé par le soleil, brillait comme un miroir.*

DESSIN. — Faire copier les majuscules (*sans utiliser le quadrillage*) :

conseil : ne babille

CONSEIL : NE BABILLE

pas travaille

PAS TRAVAILLE

CALCUL. — SOUSTRACTION. (Énonciation courante.)

Je dois faire la soustraction : 64 – 36.

J'écris :

$$\begin{array}{r} 64 \\ -\ 36 \\ \hline \end{array}$$

Je dis : 6 ôté de 14, reste 8 et je retiens 1 ; 1 de retenue et 3 font 4 ; 4 ôté de 6 reste 2.

28 est la *différence* entre 64 et 36.

Ou bien : 36 ôté de 64 **reste** 28.

Écrire au tableau et faire copier sur les ardoises :

72 – 29	57 – 28
83 – 57	64 – 25
91 – 76	42 – 18

Faire poser et effectuer les opérations sur les ardoises.

Vérifier les ardoises, puis faire énoncer, comme ci-dessus, par un ou plusieurs tirailleurs, les opérations effectuées.

30e LEÇON.

LECTURE ET ÉCRITURE.

Lecture.

œ	œu	er, ez ed	erf ers ert erd	y
Les lettres **o** et **e** sont réunies quelquefois pour former une lettre double **œ**. Cette dernière lettre se prononce **eu**, sauf dans quelques mots qui ne sont pas d'un emploi courant[1].	La lettre double **œu** suivie de **r** se prononce **eur**. Remarque : **c** et **ch** placés devant **œ** se prononcent tous deux comme **c** dur.	**er** se prononce **é** à la fin des mots de plusieurs syllabes (sauf quelques exceptions). **er** se prononce toujours **èr** à la fin des mots d'une seule syllabe. **ez** et **ed** se prononcent **é** à la fin des mots.	se prononcent **èr** (sans faire sentir le **f**, le **s**, le **t** ou le **d** à la fin des mots).	**y** se prononce **i** au commencement ou à la fin d'un mot quand il est entre deux consonnes. **y** se prononce **ii** dans le corps d'un mot s'il est précédé d'une voyelle. *Étude.* — Cette lettre est semblable à un **v** dont le jambage de droite est prolongé au-dessous de la ligne et se termine par un arrondi et un point (analogues à ceux de **j**).

Tracer au tableau et faire lire les mots suivants :

œil	chœur	ver	il sied	yole	grasseyer
œillade	rancœur	ter (3e)	nerf	jury	noyer
œillet	aimer	nez	cerf	yeux	appuyer
œillère	manger	chez	vers	hymne	pays
œilleton	se lever	aimer	tiers	mystère	paysan
œuf	se coucher	mangez	travers	zéphyr	payer.
œuvre	boucher	levez-vous	vert	pyramide	payé
bœuf	cordonnier	couchez-vous	concert	syllabe	bruyant
sœur	grenadier	bouchez	ouvert	cygne	ployer
nœud	se fier	fiez-vous	couvert	type	déployer
mœurs	cher	pied	découvert	lycée	incroyable
manœuvre	fer	trépied	il sert	rayon	voyage
cœur	mer	il s'assied	il perd	crayon	voyager

(Exceptions aux règles ci-dessus :

fier, amer, cancer, hiver, éther, hier, révolver, cuiller)

hier, un groupe de tirailleurs, chantant en chœur, passait à pied dans notre petit pays; puis, il a manœuvré à travers bois, sous le couvert de nos grands arbres.

portez vos souliers à réparer chez le cordonnier; vous ne payerez pas cher.

un ver rongeait le fruit vert.

le grenadier veillait dans la nuit obscure, les yeux fixés sur le réseau de fil de fer.

---

(1) œdème, œsophage, œnophile, etc.

Écriture.

œ

Tracer au tableau en décomposant :

(1) c (2) œ

œ s'écrit en traçant un *o* non fermé puis en appuyant à sa droite un *e*.

y

Expliquer que les signes **y** (imprimé) et *y* (écrit) ont le même son.

Tracer au tableau en décomposant :

(1) n (2) y

y est un *h* renversé; il s'écrit en traçant le deuxième jambage de *n* et en appuyant à sa droite un *j* sans point.

Tracer au tableau et faire tracer sur les ardoises (hauteur d'un carré) :

le paysan élève des bœufs

puis (hauteur d'un demi-carré) :

le cavalier doit savoir manœuvrer à pied

DICTÉE. — *le malade n'a pas fermé l'œil de la nuit; tout éveillé, il a beaucoup souffert.*

le bœuf a de gros yeux.

un rayon de soleil illuminait la salle à manger.

allez-vous à la manœuvre? hier, j'y suis allé; je dois y aller de nouveau ce soir.

DESSIN. — Faire copier les majuscules (*sans utiliser les quadrillages*) :

œuvre

ŒUVRE

œuf

ŒUF

crayon

CRAYON

noyer

NOYER

CALCUL. — Faire effectuer les problèmes ci-après :

I. J'ai acheté un couteau de 6 francs, une savonnette de 3 francs et une brosse à dents de 4 francs. Combien ai-je dépensé ?

II. Dans une section, il y a 3 sergents, 6 caporaux et 30 tirailleurs. Combien cela fait-il d'hommes ?

III. A l'écurie, il y a 15 chevaux et 43 mulets. Combien cela fait-il d'animaux ?

IV. Il y a 19 hommes dans ma chambre et le cafetier ne m'a donné que 15 quarts de café. Combien en manque-t-il pour que chacun ait sa ration ?

31e LEÇON.

LECTURE ET ÉCRITURE.

Lecture.

en

en initial se prononce généralement **an** comme dans : en...fant, en...tier ;

en médial se prononce généralement **an** comme dans : f...en...te, t..en..te, g..en..s, serg...en...t [1] ;

en final se prononce généralement **in** comme dans : exam...en, bi...en, ri...en [2].

em

em se prononce **an** comme dans : em...mener, em...porter, r...em...plir, sauf dans les mots (adverbes) comme : pru-d...em...ment, précéd...em...ment, où **emm** se prononce comme si on avait écrit **a...m**.

am, om, um

se prononcent respectivement **an**, **on**, **un**, comme dans j...am...be, p...om...pe, parf...um.

Cependant, **um** se prononce **omm** dans quelques mots : rh...um, alb...um, opi...um, maxi-m...um.

im, ym, ain, ein, aim

se prononcent **in** comme dans :

im...possible, th...ym, pa...in, r...ein, f...aim.

Faire lire, puis, explication ou question de l'instructeur :

en	cendre	chien	encaustique	trembler	rompre	main
enfant	dent	lien	je me souviens	remplir	sombre	étain
entier	tendre	mien	il se souvient	emmener	parfum	demain
encre	gentil	tien	embarquer	employer	timbale	certain
encrier	vendre	sien	embrocher	bambou	impôt	ceinture
encadrer	ventre	gardien	emporter	camp	impoli	ceinturon
encore	entendre	ancien	embouchure	champ	timbre	feinte
endormi	gens	soutien	emmagasiner	jambe	grimper	éteint
engagé	sergent	maintien	emprunter	jambon	cymbale	étreinte
entrer	argent	viens	embranchement	lampe	thym	peintre
envoyer	serpent	tiens	récemment	rampe	symbole	peinture
gendarme	ardent	il tient	fréquemment	bombe	bain	plein
rengagé	prudent	il vient	évidemment	pompe	pain	rein
fente	parent	tempe	compagnie	tombe	sain	teinture
tente	serment	temps	impossible	nom	nain	faim
vente	sarment	membre	important	nombre	soudain	daim
rentrer	bien	tremper	imprudent	nombril	vilain	

(*Exceptions :* ils aiment, ils mangent, ils vendent, ils rendent, ils perdent, ils jouent ; ils dînaient, ils mangeaient, ils rendaient, ils vendaient, ils perdaient, ils jouaient.)

te souviens-tu du temps où tu n'étais encore qu'un enfant ? je m'en souviens très bien ; je jouais du matin au soir sans penser au lendemain.
le vent a éteint la lumière de la lampe.
le chien est un bon gardien qui veille pendant le sommeil de son maître.

(1) **en** se prononce **in** dans les finales d'un verbe au singulier : viens, tiens ; il vient, il tient.

(2) Sauf dans les verbes se terminant au pluriel : 1° par **ent** : ils aiment, ils rendent, ils finissent, prononcer : ils aime, ils rende, ils finisse. 2° par **aient** : ils aimaient, prononcer : ils aimai.

Écriture. — Tracer au tableau et faire tracer sur les ardoises (hauteur d'un carré, puis d'un demi-carré) :

le boulanger pétrit la pâte avec du levain,

puis il fait le pain ; ensuite il le fait cuire dans un four.

DICTÉE. — *mange à ta faim, mais ne gaspille pas le pain ; pense aux gens malheureux qui n'ont rien à manger, ils seront bien contents d'avoir ce que tu laisseras.*

DESSIN. — Le premier but poursuivi est d'habituer l'élève à observer les proportions des diverses dimensions entre elles.

Dessin de profil. — Numéroter les lignes des carrés, tracer la table ; puis faire numéroter les lignes des ardoises.

Expliquer que, regardant une table *de profil* (c'est-à-dire de côté) *et d'un peu loin*, on ne voit que la tranche du plateau, que l'on représente par un gros trait, et les deux pieds les plus rapprochés de l'observateur.

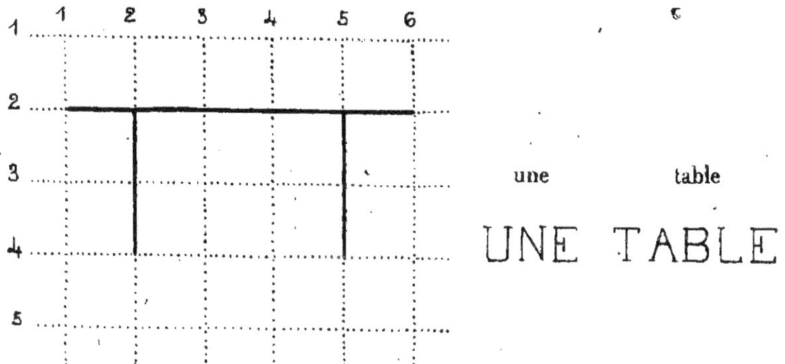

Faire copier le dessin et la légende.

CALCUL. — PROBLÈMES.

I. J'ai reçu 18 francs de prêt, mon camarade m'a rendu 6 francs qu'il me devait ; j'ai acheté, pour 8 francs, deux paires de sandales et, pour 4 francs, un canif ; j'ai cédé, pour 4 francs, une paire de sandales à un camarade.

Combien doit-il me rester d'argent ?

II. La cruche de la chambre contient 8 litres ; un bidon contient 2 litres ; la cruche vide pèse 1 kilo ; quatre bidons vides pèsent ensemble 1 kilo ; je vais à la corvée et je rapporte une cruche et quatre bidons pleins d'eau.

Quel est le poids que je porte, si je sais qu'un litre d'eau pèse 1 kilo ?

III. A ma compagnie, il y a 30 hommes à la première section, 28 à la deuxième section, 31 à la troisième section et 29 à la quatrième section. Ce matin, il y avait 2 malades à la première section, 4 hommes de corvée à la deuxième section, 6 hommes de garde à la troisième section et 1 malade à la quatrième section.

Combien doit-il y avoir d'hommes à l'exercice ?

32e LEÇON.

LECTURE ET ÉCRITURE.

Lecture.

ec, ef, el, ep, et, ex

e (sans accent) se prononce **è** dans les syllabes : **ec, ef, el, ep, et, ex** comme dans : b...ec, n...ef, s...el, c...ep, n...et, ex...ercice.

es

1° **e** (sans accent) se prononce **è** dans la syllabe **es** suivie d'une consonne, comme dans : es...pace, es...corte ; et dans les mots : es (verbe être), l...es, d...es, m...es, t...es, s...es.

2° **e** (sans accent) se prononce **e** dans la syllabe **es** placée à la fin des mots comme dans : tent...es, tu chant...es.

ecc, ell, enn, epp, err, ess, ett

e (sans accent) se prononce **è** dans les syllabes : **ecc, ell, enn, epp, err, ess, ett.**

eff

1° **e** (sans accent) se prononce **é** dans la syllabe **eff** placée au commencement des mots comme dans : eff...ort.

2° **e** (sans accent) se prononce **è** dans la syllabe **eff** placée dans le corps d'un mot, comme dans : gr...eff...e.

Exceptions : **et** (conjonction) se prononce **é** ; exemple : lui *et* moi.
est (dans le verbe **être**) se prononce **è**, sans faire sentir l'**s**.
enn se prononce **an** dans les mots : enn...ui, enn...oblir (et leurs dérivés).

Faire lire, puis, explication ou question de l'instructeur :

bec	récepteur	extrémité	est	pelle	terre	dresser
sec	reptile	exercice	veste	selle	serre	essaim
infect	baquet	exempt	reste	telle	verre	nette
réfectoire	bonnet	expliqué	peste	quelle	guerre	brouette
lecture	billet	exploit	leste	ficelle	serrer	lunette
infecté	carnet	extérieur	geste	gamelle	ferrer	trompette
insecte	cabinet	exquis	les danses	bretelle	se terrer	allumette
nef	déchet	excepté	les tentes	vaisselle	serrure	omelette
chef	fouet	espace	des manches	échelle	fesse	couchette
bref	cacolet	escadron	mes jambes	chandelle	messe	effacé
sel	pistolet	escargot	tes oreilles	chienne	vitesse	effaré
miel	poignet	escarpé	ses narines	mienne	adresse	effet
ciel	parquet	escorte	tu parles	tienne	caresse	efficace
fiel	reflet	feston	tu marches	sienne	richesse	effilé
éventuel	volet	veston	tu chantes	étrenne	jeunesse	effort
charnel	valet	festival	tu manges	persienne	vieillesse	efforcer
missel	chevalet	estrade	ecchymose	steppe	paresse	effrayer
cep	jarret	estropié	impeccable	qu'il vienne	essayer	greffe
septembre	exemple	estimé	elle	qu'il prenne	essuyer	greffer
percepteur	exténué	ouest	belle	qu'il tienne	presser	greffier

efforce-toi de bien faire ton service ; entretiens bien tes effets ; sois attentif à l'exercice ; ne te laisse pas aller à la paresse ; si tu tires bien, si tu apprends ce que l'on t'enseigne, tu seras estimé de tes chefs et tu seras récompensé.

Écriture. — Tracer au tableau et faire tracer sur les ardoises (hauteur d'un carré, puis d'un demi-carré) :

la jeunesse doit respecter la vieil-
lesse, si je fais face au nord, l'est est à ma droite,
l'ouest est à ma gauche, le sud est derrière moi

DICTÉE. — *le pistolet est attaché dans son étui par une lanière de cuir;*
le couvert se compose d'une cuiller et d'une fourchette;
l'eau du robinet coule dans la gamelle.

DESSIN. — Faire copier sur les ardoises le dessin et la légende ci-dessous :

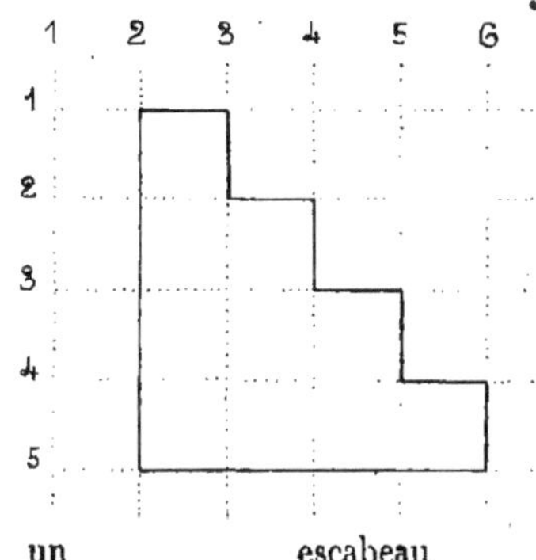

un escabeau

UN ESCABEAU

CALCUL. — PROBLÈMES.

I. Un père a 57 ans, son fils aîné a 25 ans de moins que lui et son fils cadet a 6 ans de moins que l'aîné.

Quel est l'âge des deux enfants ?

II. A la première compagnie du bataillon, il y a 21 hommes de plus qu'à la deuxième ; à la troisième compagnie, il y en a 12 de moins qu'à la première ; à la deuxième compagnie, il y a 71 hommes.

Combien y a-t-il d'hommes au total dans les trois compagnies ?

III. Je dois 92 francs à un commerçant ; je lui ai donné 17 francs ; je lui ai acheté un objet de 14 francs ; ensuite, je lui ai donné 16 francs, puis 14, puis 29 francs.

Combien lui dois-je encore ?

33e LEÇON.

LECTURE ET ÉCRITURE.

Lecture.

s

placé entre deux voyelles se prononce presque toujours comme **z**.

tia, tie, tiel, tieu, tion

t se prononce comme **s** :

1° dans la syllabe **tia**. Exemple : il balbutia;

2° dans les noms qui finissent par la syllabe **tie** précédée d'une voyelle. Exemple : diplomatie;

3° dans les mots : ineptie, inertie, balbutier, initier;

4° dans les syllabes **tiel** et **tieu**. Exemple : partiel, factieux;

5° dans les *substantifs* finissant en **tion**. Exemple : action, punition;

6° dans quelques noms de personnes finissant en **tien**. Exemple : Donatien;

7° dans les mots : patient, quotient, satiété.

ï, ë, ü

aï se prononce **a...i** (et non comme **ai**);

oï se prononce **o...i** (et non comme **oi**);

uë se prononce **u**;

oë se prononce **o...é** (et non comme **œ**);

aë se prononce **a...è**.

Exceptions :

Les mots *composés* suivants : antiseptique, entresol, parasol, monosyllabe, havresac, tournesol, soubresaut, vraisemblable.

tia se prononce **tia** dans les mots : centiare, il châtia, tiare, galimatias.

tie se prononce **ti** dans les mots : épizootie, étioler.

tions se prononce **tions** *dans les verbes*. Exemple : nous portions, nous chantions.

Faire lire, puis explication ou question de l'instructeur :

base	case	il balbutia	prétentieux	distribution	naïf
vase	mise	balbutiant	potion	initiation	naïve
chemise	sottise	acrobatie	nation	invitation	héroïque
chose	rose	impéritie	portion	patient	stoïque
ruse	fusil	diplomatie	station	impatient	mosaïque
usine	amuse	partiel	réparation	impatience	aiguë
chaise	cuisine	essentiel	action	quotient	ciguë
saison	maison	différentiel	fraction	satiété	besaiguë
prison	musique	ambitieux	fonction	Gratien	Noël
voisin	oiseau	minutieux	punition	Donatien	Saint-Raphaël
besoin	magasin	factieux	section		

il est entré dans la case du voisin — tu es assis sur une chaise dans la cuisine de la maison — nous revenions de la distribution et nous portions, dans les plats, toutes les portions de notre section — il a eu une punition de prison.

Écriture. — Tracer au tableau et faire tracer sur les ardoises (hauteur d'un carré, puis d'un demi-carré) :

le gardien de l'usine s'est endormi;

le sergent a inspecté les fusils des hommes de sa section.

DICTÉE. — *le soleil, très ardent, brille dans le ciel; le vent vient de l'est; le temps est chaud et sec; en campagne, les tirailleurs emportent une toile de tente; ils en ont besoin et ils s'en servent pour dresser des abris dans les champs.*

DESSIN. — Tracer au tableau et faire copier sur les ardoises le dessin et la légende ci-dessous :

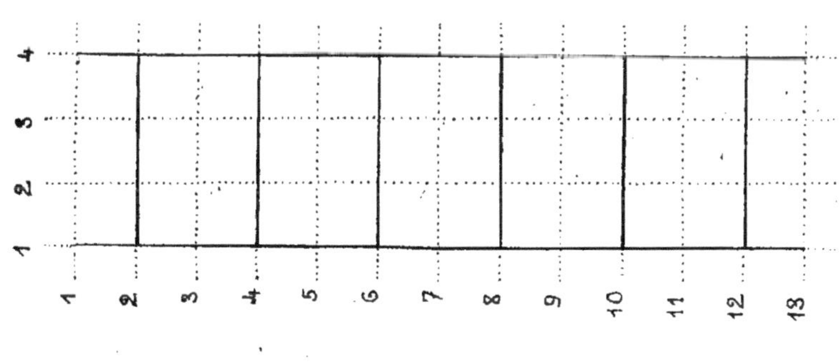

une échelle

UNE ECHELLE

CALCUL. — Écrire au tableau : 4 fois 3 = 3 × 4. Expliquer : le signe « × » se prononce « **multiplié par** » et : 4 × 3 = 3 + 3 + 3 + 3.

Écrire au tableau, lire à haute voix; expliquer [1], puis faire lire et faire copier sur les ardoises :

0 fois 0 = 0 × 0 = 0	1 fois 0 = 0 × 1 = 0
0 fois 1 = 1 × 0 = 0	1 fois 1 = 1 × 1 = 1
0 fois 2 = 2 × 0 = 0	1 fois 2 = 2 × 1 = 2
0 fois 3 = 3 × 0 = 0	1 fois 3 = 3 × 1 = 3
0 fois 4 = 4 × 0 = 0	1 fois 4 = 4 × 1 = 4
0 fois 5 = 5 × 0 = 0	1 fois 5 = 5 × 1 = 5
0 fois 6 = 6 × 0 = 0	1 fois 6 = 6 × 1 = 6
0 fois 7 = 7 × 0 = 0	1 fois 7 = 7 × 1 = 7
0 fois 8 = 9 × 0 = 0	1 fois 8 = 8 × 1 = 8
0 fois 9 = 9 × 0 = 0	1 fois 9 = 9 × 1 = 9
0 fois 10 = 10 × 0 = 0	1 fois 10 = 10 × 1 = 10

Faire réciter (sous la forme : une fois un, un) d'abord en chœur, puis isolément; enfin, questionner.

---

(1) **Explication courte :**
a) pour le facteur 0, dire : 0 fois 1 = aucune fois 1 = 0 ; ou bien 1 fois 0 = 1 fois rien du tout = 0.
b) utiliser des objets quelconques :
1 fois 1 cartouchière = 1 cartouchière (la montrer, la poser sur la table) ;
1 fois 2 cartouchières = 2 cartouchières (les montrer, les poser sur la table) ; etc., etc.

34ᵉ LEÇON.

LECTURE ET ÉCRITURE.

Lecture.

h

est aspiré dans une centaine de mots français dont les plus courants sont :

hache	haquet	hibou
haie	hardi	hideux
haillon	hareng	homard
haine	haricot	honte
halage	harnais	hors
halle	hasard	hublot
halte	hâte	hurler
hameau	hausse	hussard
hampe	haut	hutte
hanche	havresac	cohue
hangar	héros	etc., etc.

et quelques composés de ces mots :

haineux, haler, hardiesse, harnacher, hâter, hauteur, etc.

w

Lettre formée de deux **v** accouplés.

Elle se trouve dans quelques mots français venus d'une langue étrangère ; elle se prononce comme un **v** simple dans certains mots, comme : w...agon.

Elle se prononce comme **ou** dans certains autres mots :

tram...w...ay, w...atman, w...harf, w.hisky, w...ater-closet.

ueil

placé après un **c** ou un **g**, se prononce **euil** :

accueil
orgueil
cercueil
recueil
écueil
cueillette
recueillir
accueillir
orgueilleux

Faire lire, puis explication ou question de l'instructeur :

la hache, la haie, la halte, la halle, la hausse, la honte, le hamac, le hameau, le hangar, le hareng, le havresac ;

le hibou est perché sur le haut de la hutte ;

les harnais sont rangés dans le magasin du harnachement ;

les voitures sont sous le hangar.

Écriture. — Tracer au tableau et faire tracer sur les ardoises (hauteur d'un carré, puis d'un demi-carré) :

la compagnie a fait une halte auprès d'un hameau, les soldats ont déposé leur havresac.

DICTÉE. — *le jardin est entouré d'une haie ;*
le bûcheron coupe du bois avec une hache ;
le hamac est suspendu dans la case ;
un oiseau vole à une grande hauteur dans le ciel.

DESSIN. — Tracer au tableau et faire copier sur les ardoises le dessin et la légende ci-dessous :

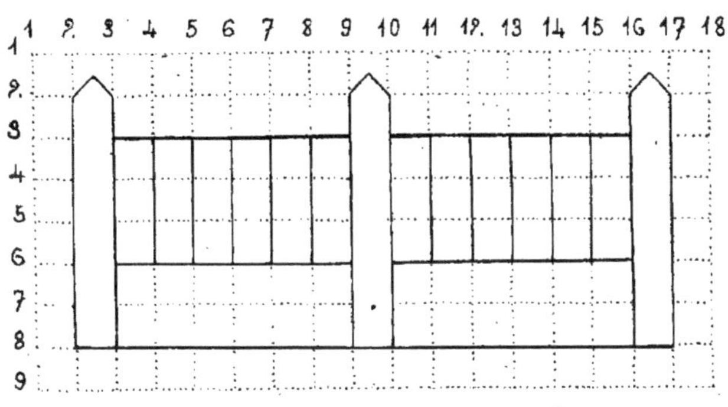

une grille de clôture

UNE GRILLE DE CLÔTURE

CALCUL. — Écrire au tableau, lire à haute voix, expliquer [1], puis faire lire et faire copier sur les ardoises :

2 fois 0 = $0 \times 2 = 0$	3 fois 0 = $0 \times 3 = 0$
2 fois 1 = $1 \times 2 = 2$	3 fois 1 = $1 \times 3 = 3$
2 fois 2 = $2 \times 2 = 4$	3 fois 2 = $2 \times 3 = 6$
2 fois 3 = $3 \times 2 = 6$	3 fois 3 = $3 \times 3 = 9$
2 fois 4 = $4 \times 2 = 8$	3 fois 4 = $4 \times 3 = 12$
2 fois 5 = $5 \times 2 = 10$	3 fois 5 = $5 \times 3 = 15$
2 fois 6 = $6 \times 2 = 12$	3 fois 6 = $6 \times 3 = 18$
2 fois 7 = $7 \times 2 = 14$	3 fois 7 = $7 \times 3 = 21$
2 fois 8 = $8 \times 2 = 16$	3 fois 8 = $8 \times 3 = 24$
2 fois 9 = $9 \times 2 = 18$	3 fois 9 = $9 \times 3 = 27$
2 fois 10 = $10 \times 2 = 20$	3 fois 10 = $10 \times 3 = 30$

Faire réciter (sous la forme : deux fois deux, quatre) d'abord en chœur, puis isolément ; enfin, questionner.

---

(1) Utiliser des objets quelconques. Exemple :

3 cartouchières — — —
\+ 3 cartouchières — — — } = 2 fois 3 cartouchières = 6 cartouchières.

35e LEÇON.

LECTURE ET ÉCRITURE.

Lecture.

Noms des lettres. — *L'instructeur* : les lettres

a e é è ê i o u y

a e é è ê i o u y

sont des *voyelles*.

Les autres lettres sont des *consonnes*.

a) Le *nom* des voyelles est le son même de ces lettres ; on dit un **a**, un **e**, un **i**, un **o**, un **u** ; pour **é**, on dit un **é** accent aigu ; pour **è**, on dit un **è** accent grave ; pour **â**, **ê**, **î**, **ô**, **û**, on dit un **â** accent circonflexe, un **ê** accent circonflexe, un **î** accent circonflexe, un **ô** accent circonflexe, un **û** accent circonflexe. Pour la lettre **y**, on dit un **i** grec.

b) Les *noms* des consonnes sont :

b c d f g h j k l m n p q r s t v w x z

b c d f g h j k l m n p q r s t v w x z

bé cé dé effe gé ache ji ka elle emme enne pé cu erre esse té vé double vé ixe zède

Quand on dicte un mot *en l'épelant*, on désigne les lettres par leur nom. Exemple : pour dicter : **phénomène**, on dit : **pé**, **ache**, **é** accent aigu, **enne**, **o**, **emme**, **è** accent grave, **enne**, **e**.

Les lettres qui vous ont été enseignées jusqu'à présent (lecture et écriture) sont des *minuscules* (imprimées et écrites) [les montrer] ; les lettres qui vous ont été enseignées en dessin sont des *majuscules imprimées* (les tracer au-dessous des minuscules). Il y a aussi des *majuscules écrites* (les tracer au-dessous des précédentes de façon à obtenir le tableau suivant) :

a e é è ê i o u y

a e é è ê i o u y

A E É È Ê I O U Y

A E E E E I O U Y

b c d f g h j k l m n p q r s t v w x z

b c d f g h j k l m n p q r s t v w x z

B C D F G H J K L M N P Q R S T V W X Z

B C D F G H J K L M N P Q R S T V W X Z

(Remarque : on ne met pas d'accent aux lettres majuscules écrites ; *e*, *é*, *è*, *ê* majuscules s'écrivent tous : *E* ; *â* majuscule s'écrit *A*, etc.)

Interroger successivement les tirailleurs en montrant une lettre quelconque imprimée ou écrite, majuscule ou minuscule. Exemple : pour *G*, le tirailleur doit répondre « gé majuscule » ; pour *h*, le tirailleur doit répondre « ache minuscule », etc.

Écriture. — Faire copier sur les ardoises les majuscules « écrites » tracées au tableau.

DICTÉE. — *L'instructeur :* « Les noms de personnes, de villes, de pays, commencent toujours par une majuscule ».

Dicter :

France, Sénégal, Tonkin, Madagascar.
Paris, Dakar, Hanoï, Majunga.

DESSIN. — Tracer au tableau et faire copier sur les ardoises les dessins et les légendes ci-dessous :

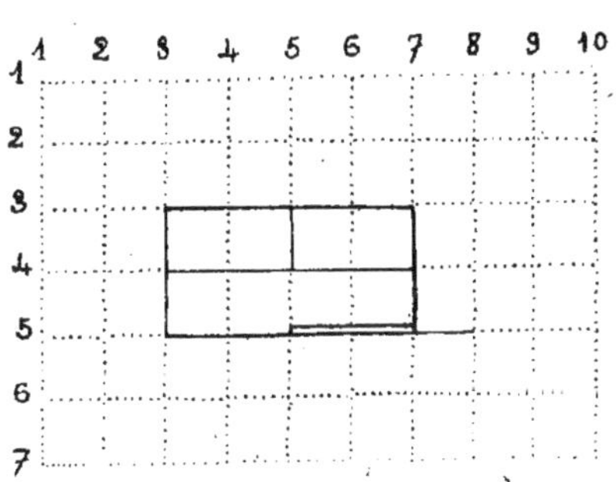

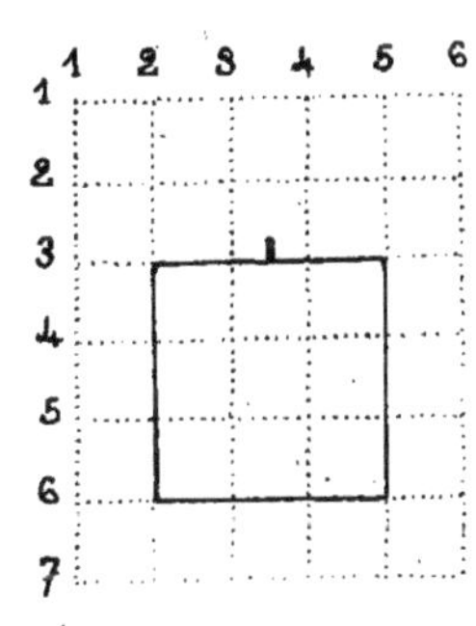

un képi — une chéchia

UN KÉPI — UNE CHÉCHIA

CALCUL. — Écrire au tableau, lire à haute voix, expliquer, puis faire lire et faire copier sur les ardoises :

4 fois 0 = 0 × 4 = 0	5 fois 0 = 0 × 5 = 0
4 fois 1 = 1 × 4 = 4	5 fois 1 = 1 × 5 = 5
4 fois 2 = 2 × 4 = 8	5 fois 2 = 2 × 5 = 10
4 fois 3 = 3 × 4 = 12	5 fois 3 = 3 × 5 = 15
4 fois 4 = 4 × 4 = 16	5 fois 4 = 4 × 5 = 20
4 fois 5 = 5 × 4 = 20	5 fois 5 = 5 × 5 = 25
4 fois 6 = 6 × 4 = 24	5 fois 6 = 6 × 5 = 30
4 fois 7 = 7 × 4 = 28	5 fois 7 = 7 × 5 = 35
4 fois 8 = 8 × 4 = 32	5 fois 8 = 8 × 5 = 40
4 fois 9 = 9 × 4 = 36	5 fois 9 = 9 × 5 = 45
4 fois 10 = 10 × 4 = 40	5 fois 10 = 10 × 5 = 50

Faire réciter (sous la forme : quatre fois un, quatre) d'abord en chœur, puis isolément ; questionner sur la leçon du jour et, enfin, faire une revision sous la forme :

M..... 3 fois 2 ?   N..... 5 fois 3 ?

36e LEÇON.

LECTURE ET ÉCRITURE.

Lecture.

Regardons nos camarades ! Nous regardons nos camarades et nous leur disons :

Vous avez chacun une tête, un corps et quatre membres.

Regardez vos camarades ! Vous regardez vos camarades et vous leur dites :

Nous avons chacun une tête, un corps et quatre membres.

Chacun de vous a un front, deux yeux, un nez, une bouche et deux oreilles.

Dans la tête, nous avons un cerveau.

Dans la poitrine, nous avons un cœur et deux poumons.

Écriture.

Tracer au tableau et faire tracer sur les ardoises (hauteur d'un carré, puis d'un demi-carré) :

Pense à ce que tu veux dire avant de parler.

DICTÉE.

Regarde ton camarade.

Je regarde mon camarade et je lui dis :

Tu as une tête, un corps et deux poumons.

Les hommes ont un front, deux yeux, un nez, une bouche et deux oreilles.

DESSIN. — Tracer au tableau et faire copier sur les ardoises les dessins et les légendes ci-dessous :

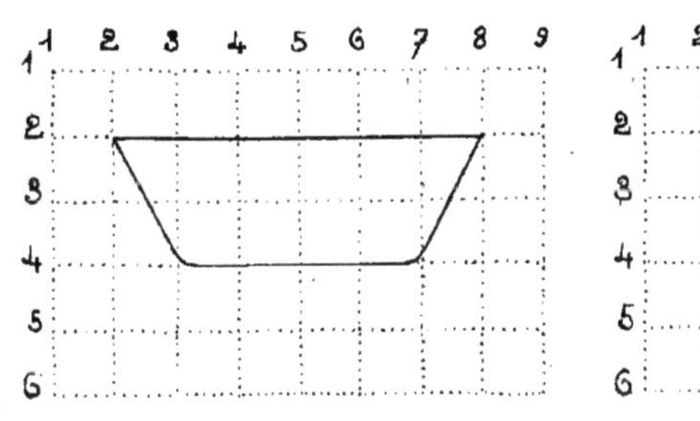

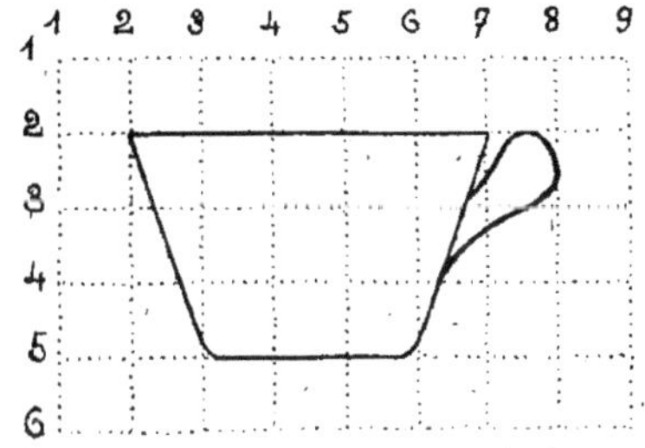

une cuvette un quart

UNE CUVETTE UN QUART

CALCUL. — Écrire au tableau, lire à haute voix, expliquer, puis faire lire et faire copier sur les ardoises :

6 fois 0 = $0 \times 6 = 0$	7 fois 0 = $0 \times 7 = 0$
6 fois 1 = $1 \times 6 = 6$	7 fois 1 = $1 \times 7 = 7$
6 fois 2 = $2 \times 6 = 12$	7 fois 2 = $2 \times 7 = 14$
6 fois 3 = $3 \times 6 = 18$	7 fois 3 = $3 \times 7 = 21$
6 fois 4 = $4 \times 6 = 24$	7 fois 4 = $4 \times 7 = 28$
6 fois 5 = $5 \times 6 = 30$	7 fois 5 = $5 \times 7 = 35$
6 fois 6 = $6 \times 6 = 36$	7 fois 6 = $6 \times 7 = 42$
6 fois 7 = $7 \times 6 = 42$	7 fois 7 = $7 \times 7 = 49$
6 fois 8 = $8 \times 6 = 48$	7 fois 8 = $8 \times 7 = 56$
6 fois 9 = $9 \times 6 = 54$	7 fois 9 = $9 \times 7 = 63$
6 fois 10 = $10 \times 6 = 60$	7 fois 10 = $10 \times 7 = 70$

Faire réciter (sous la forme : six fois un, six), d'abord en chœur, puis isolément ; questionner, puis faire une revision des multiples de 1, 2, 3, 4, 5.

37e LEÇON.

LECTURE ET ÉCRITURE.

Lecture.

Je me lève. Je suis levé.

Je lève la tête. J'ai levé la tête.

Nous nous levons. Nous nous sommes levés.

Nous levons la tête. Nous avons levé la tête.

Le vent couche l'herbe sur le sol.

Le vent a couché l'herbe sur le sol.

L'herbe se couche sur le sol.

L'herbe est couchée sur le sol.

Nous mettons nos souliers. Nous nous mettons à table.

Nous avons mis nos souliers. Nous nous sommes mis à table.

Vous lavez les assiettes. Vous avez lavé les assiettes.

Vous vous lavez les mains. Vous vous êtes lavé les mains.

Écriture.

Tracer au tableau et faire tracer sur les ardoises (hauteur d'un carré, puis d'un demi-carré) :

Soyez attentifs et vous saurez vite lire et écrire.

DICTÉE.

Le tirailleur s'est couché sur l'herbe pour se reposer; il a levé la tête et a vu venir son capitaine; vite, il s'est levé et il a salué. Quand le capitaine a été passé, le tirailleur s'est mis au repos.

DESSIN. — Tracer au tableau et faire copier sur les ardoises le dessin et la légende ci-dessous :

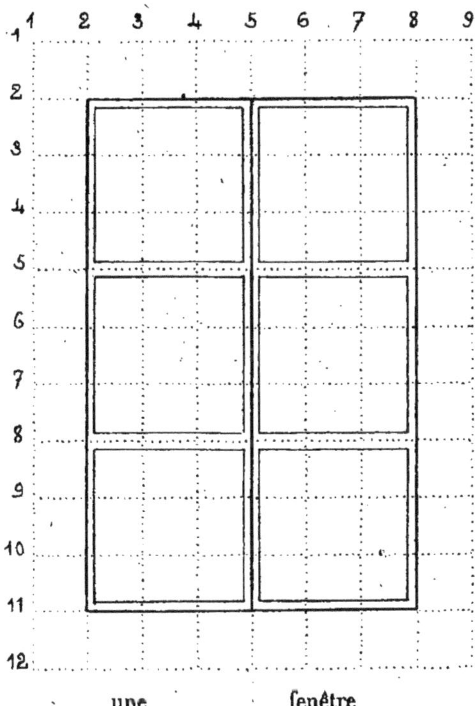

UNE FENÊTRE

CALCUL. — Écrire au tableau, lire à haute voix, expliquer, puis faire lire et faire copier sur les ardoises :

8 fois 0 = 0 × 8 = 0	9 fois 0 = 0 × 9 = 0
8 fois 1 = 1 × 8 = 8	9 fois 1 = 1 × 9 = 9
8 fois 2 = 2 × 8 = 16	9 fois 2 = 2 × 9 = 18
8 fois 3 = 3 × 8 = 24	9 fois 3 = 3 × 9 = 27
8 fois 4 = 4 × 8 = 32	9 fois 4 = 4 × 9 = 36
8 fois 5 = 5 × 8 = 40	9 fois 5 = 5 × 9 = 45
8 fois 6 = 6 × 8 = 48	9 fois 6 = 6 × 9 = 54
8 fois 7 = 7 × 8 = 56	9 fois 7 = 7 × 9 = 63
8 fois 8 = 8 × 8 = 64	9 fois 8 = 9 × 8 = 72
8 fois 9 = 9 × 8 = 72	9 fois 9 = 9 × 9 = 81
8 fois 10 = 10 × 8 = 80	9 fois 10 = 10 × 9 = 90

Faire réciter (sous la forme : huit fois un, huit) d'abord en chœur, puis isolément ; questionner ; puis faire une revision des multiples de 1, 2, 3, 4, 5, 6, 7.

38e LEÇON.

LECTURE ET ÉCRITURE.

Lecture.

J'ai fait mal à mon voisin.
Je me suis fait mal au front.
Tu as coupé du pain. Tu t'es coupé la main.
Il a cassé un verre. Il s'est cassé la jambe.
Nous avons préparé nos effets.
Nous nous sommes préparés pour la revue.
Vous avez perdu votre porte-monnaie.
Vous vous êtes perdus dans la forêt.
Ils ont touché leur fusil.
Ils se sont touché la main.

N. B. — Après l'exercice de lecture, l'instructeur fera remarquer que, si l'on dit, en français : « *J'ai fait mal à...* (quelqu'un) » on doit dire : « *Je me* SUIS fait mal à... (moi-même) » ; et non : « Je m'ai fait mal à... etc.) ; de même pour : tu te ; il se ; nous nous ; vous vous ; ils se...

Écriture.

Tracer au tableau et faire tracer sur les ardoises (hauteur d'un carré, puis d'un demi-carré) :

Quand vous saurez bien lire
vous pourrez apprendre bien des choses.

DICTÉE.

Mon voisin s'est levé au réveil. Il est allé se laver ; ensuite, il s'est préparé pour l'exercice. Il a brossé ses effets ; il a essuyé son fusil ; puis, il s'est mis en tenue. Il a mis son ceinturon, il a pris son fusil et il est descendu dans la cour.

DESSIN. — Tracer au tableau et faire copier sur les ardoises le dessin et la légende ci-dessous :

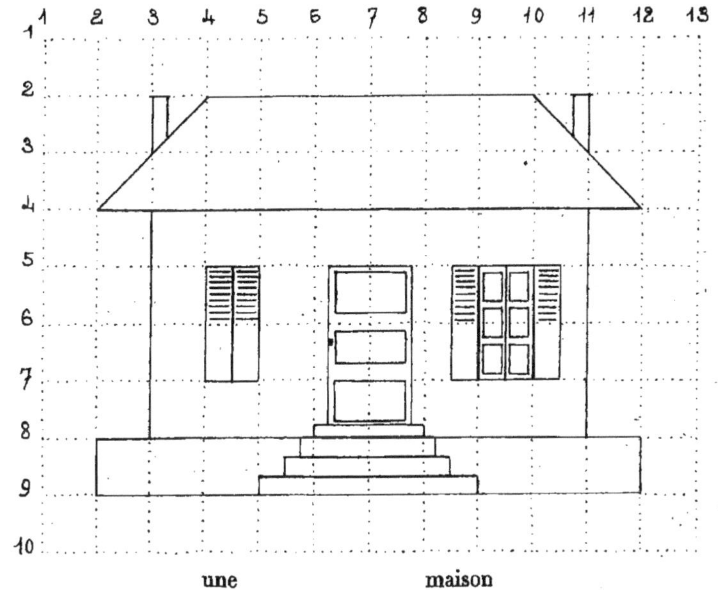

UNE MAISON

CALCUL. — Écrire au tableau, lire à haute voix, expliquer, puis faire lire et faire copier sur les ardoises :

10 fois 0	=	0×10	=	0
10 fois 1	=	1×10	=	10
10 fois 2	=	2×10	=	20
10 fois 3	=	3×10	=	30
10 fois 4	=	4×10	=	40
10 fois 5	=	5×10	=	50
10 fois 6	=	6×10	=	60
10 fois 7	=	7×10	=	70
10 fois 8	=	8×10	=	80
10 fois 9	=	9×10	=	90
10 fois 10	=	10×10	=	100

Faire réciter (sous la forme : dix fois un, dix) d'abord en chœur, puis isolément; questionner; puis, faire une revision des multiples de 1, 2, 3, 4, 5, 6, 7, 8, 9.

Ensuite, faire remarquer aux élèves que *pour obtenir le produit 1×10, il suffit de mettre un zéro à la droite du 1 ; de même pour 2×10, etc.*

39e LEÇON.

LECTURE ET ÉCRITURE.

Lecture.

Quand je vois le beau temps, je suis heureux.

Quand j'ai fini mon travail, je me repose.

Quand nous avons fini notre travail, nous nous reposons.

Quand j'aurai fini mon travail, je me reposerai.

Quand vous aurez fini votre travail, vous vous reposerez.

Si j'avais faim, je mangerais.

Si nous savions bien lire et bien écrire, nous serions contents.

Si nous avions su bien lire et bien écrire, nous aurions été bien contents.

Si j'avais su que tu m'attendais, je serais venu plus tôt.

Comme nous n'avions pas soif, nous n'avons pas bu.

Nous aurions bu, si nous avions eu soif.

Écriture.

Tracer au tableau et faire tracer sur les ardoises (hauteur d'un carré, puis d'un demi-carré) :

Si vous saviez bien écrire, vous

pourriez écrire à vos parents et à vos amis

DICTÉE.

Après avoir marché pendant une heure, il a eu soif; il a voulu boire; mais son bidon était vide; il a demandé de l'eau à son camarade; celui-ci lui a répondu : voici mon bidon; mais si j'avais fait comme toi; si je n'avais pas emporté d'eau, nous ne pourrions pas boire.

DESSIN. — Tracer au tableau et faire copier sur les ardoises le dessin et la légende ci-dessous. (Remarquer que les traits sont parallèles au quadrillage.)

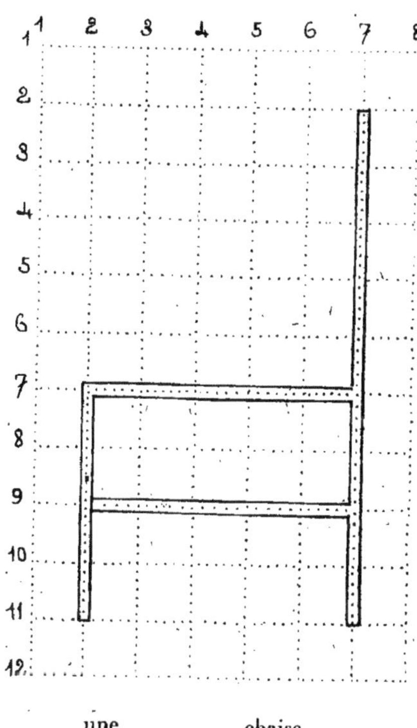

une chaise

UNE CHAISE

CALCUL. — Revision de la table de multiplication.

Puis, l'instructeur : quand je lis 5 × 3 (cinq multiplié par trois), le nombre 5 doit être répété 3 fois.

Le nombre qui doit être répété plusieurs fois s'appelle **le multiplicande** ; ici, le multiplicande est 5.

Le nombre qui indique combien de fois on doit répéter le multiplicande s'appelle **le multiplicateur** ; ici, le multiplicateur est 3. 5 × 3 = 15.

Le résultat d'une multiplication s'appelle **le produit** ; ici, le produit est 15.

Écrire au tableau :

4 × 5 = 6 × 3 = 7 × 2 = 9 × 3 = 5 × 9 =

et questionner les tirailleurs :

D. Où est le multiplicande ?	*R.* Le multiplicande est 4.
D. Où est le multiplicateur ?	*R.* Le multiplicateur est 5.
D. Fais la multiplication.	*R.* 5 fois 4, 20.
D. Comment s'appelle le résultat ?	*R.* Le produit ; c'est 20.

40e LEÇON.

LECTURE ET ÉCRITURE.

Lecture.

Lorsque j'étais un tout petit enfant, ma mère me portait et m'endormait dans ses bras.

Dès que j'ai pu me tenir debout, j'ai appris à marcher en m'appuyant aux murs de la maison.

Quand j'ai été un peu plus grand, j'ai joué, d'abord devant notre porte ; puis, je suis allé m'amuser sur la place du village avec mes petits camârades.

Plus tard, j'ai accompagné mon père à son travail et je l'ai regardé travailler ; ensuite, j'ai essayé de l'aider ; alors il m'a montré patiemment ce que je devais faire, et comment je devais le faire, jusqu'au jour où j'ai su mon métier ; c'est ainsi que je suis devenu un bon ouvrier.

Écriture.

Tracer au tableau et faire tracer sur les ardoises (hauteur d'un carré, puis d'un demi-carré) :

Fais bien ton métier, tu gagneras ta vie et tu seras utile aux autres hommes.

DICTÉE.

Un bon fils ne doit pas oublier que sa mère l'a porté et l'a endormi dans ses bras quand il était un tout petit enfant et que ses parents ont travaillé pour le nourrir, jusqu'au jour où il a pu gagner sa vie.

DESSIN. — Tracer au tableau et faire copier sur les ardoises le dessin et la légende ci-dessous :

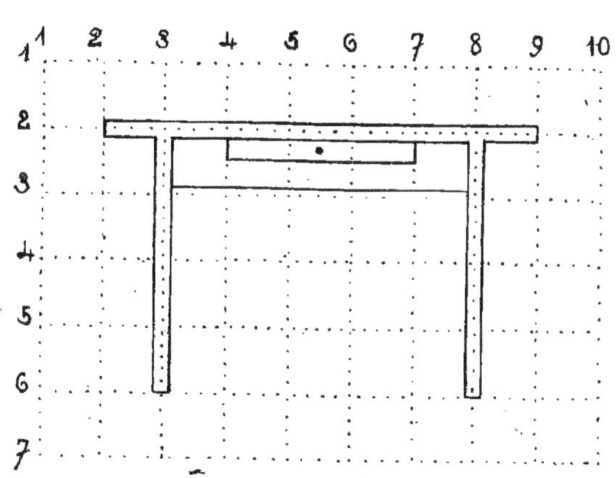

une table à tiroir

UNE TABLE A TIROIR

CALCUL. — Écrire au tableau :

$$3 \times 4 = \quad \text{et} \quad 4 \times 3 =$$

Poser successivement les deux questions à un tirailleur ; écrire, chaque fois, le résultat et faire remarquer *que le produit est le même quand on met le multiplicande à la place du multiplicateur (et inversement).*

En effet :

$$\underbrace{3+3+3+3}_{4 \text{ fois } 3} = \underbrace{4+4+4}_{3 \text{ fois } 4} = 12$$

4 fois 3 = 3 fois 4 = 12

Reviser la table de multiplication en posant à chaque tirailleur deux questions :

Exemple : M....., 6 fois 7 ? puis : 7 fois 6 ?

41e LEÇON.

LECTURE ET ÉCRITURE.

Lecture.

Un renard, qui avait soif, cherchait partout une source pour se désaltérer.

Il ne trouvait nulle part une goutte d'eau.

Fatigué, il s'était couché à l'ombre d'une vigne très haute; levant la tête, il vit de belles grappes qui pendaient au-dessus de lui; le raisin, bien doré, paraissait mûr; il devait être excellent.

Le renard sauta aussi haut que possible; mais, malgré tous ses efforts, il ne put en attraper un seul grain.

Prenant un air dédaigneux, il se recoucha en disant : « Ils sont trop verts et bons, tout au plus, pour les mouches et pour les fourmis. »

(D'après La Fontaine.)

Écriture.

Tracer au tableau et faire tracer sur les ardoises (hauteur d'un carré, puis d'un demi-carré) :

Beaucoup de gens paraissent dédaigner ce qu'ils désirent obtenir; très souvent, c'est parce qu'ils sont incapables de le gagner.

DICTÉE.

Un homme, qui devait être très fatigué, s'était couché à l'ombre; il avait soif et il n'avait pas une goutte d'eau pour se désaltérer.

Un enfant lui porta une belle grappe de raisin, bien doré, bien mûr.

Après avoir mangé le raisin, l'homme s'est recouché.

DESSIN. — Tracer au tableau et faire copier sur les ardoises le dessin et la légende ci-dessous :

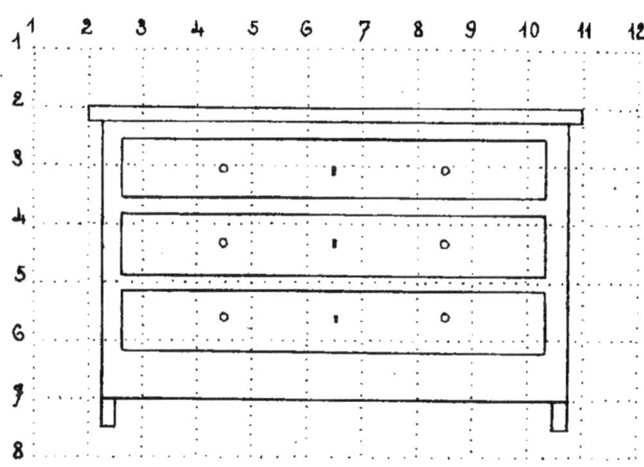

une commode

UNE COMMODE

CALCUL. — *L'instructeur :* Pour multiplier deux nombres l'un par l'autre, c'est-à-dire, pour faire une multiplication, vous avez appris à écrire :

$$2 \times 6 = 12 \quad \text{ou} \quad 4 \times 7 = 28$$

Il y a une autre manière d'écrire l'opération à faire ; on place les deux nombres l'un au-dessous de l'autre. Exemple :

$$\begin{array}{r} 2 \\ \times\ 6 \\ \hline = 12 \end{array} \quad \text{ou} \quad \begin{array}{r} 4 \\ \times\ 7 \\ \hline = 28 \end{array}$$

Écrire au tableau :

5×3	9×2	7×7	6×5	3×4
7×8	7×6	8×6	3×9	4×8

Sur son ardoise, chaque tirailleur « pose les opérations » (comme il est indiqué ci-dessus) et écrit les résultats.

Vérifier les ardoises, puis faire répéter à haute voix, par les tirailleurs interpellés, les opérations et les résultats.

42e LEÇON.

LECTURE ET ÉCRITURE.

Lecture.

« Je suis sûr d'être bien plus fort que toi » disait un jour le vent en parlant au soleil.

« Tu es si fort que cela ? répondit le soleil. Eh bien ! nous en ferons l'essai quand tu voudras. »

Un cavalier passait sur une route ; il avait un grand manteau.

« Tiens, dit le soleil, enlève donc le manteau de l'homme qui passe là-bas ; pendant ce temps, je vais me cacher derrière un nuage. »

Aussitôt le vent se met à souffler ; alors, le cavalier boutonne son manteau.

Le vent souffle de plus en plus fort ; d'abord, l'homme se serre davantage dans son vêtement ; ensuite, il l'attache sur lui avec sa ceinture, enfin, il s'arrête derrière un gros rocher, où il est bien à l'abri du vent.

« A mon tour, maintenant » dit le soleil, tout en se montrant doucement.

Le cavalier se remet en route ; peu de temps après, il desserre sa ceinture, puis il se déboutonne à demi.

Mais, bientôt, il a trop chaud et retire son manteau.

(D'après La Fontaine.)

Écriture.

Tracer au tableau et faire tracer sur les ardoises (hauteur d'un carré, puis d'un demi-carré) :

On arrive à un meilleur

résultat par la douceur que par la violence

DICTÉE.

Le vent soufflait très fort ; tu t'étais mis à l'abri derrière une maison.

Le soleil s'était montré, tu t'étais remis en route.

Tu avais eu trop chaud, tu avais retiré ton manteau. Tu t'étais arrêté à l'ombre d'un arbre très haut.

DESSIN. — Notion élémentaire de la perspective linéaire (1).

Placer les élèves de façon à avoir devant soi deux groupes, l'un à droite, l'autre à gauche.

L'instructeur prend une feuille de papier fort (de $0^m20 \times 0^m30$ environ) ABCD et, la tenant par les angles C et D, la place sur une table, verticalement, face aux élèves, de façon que la ligne AB touche la table.

« Si je vous dis de dessiner cette feuille de papier, vous ferez sur vos ardoises un dessin comme celui-ci. » (Tracer au tableau la figure 1.)

« Mais, je vais la pencher en arrière (vers son corps) ; vous voyez que ces deux côtés (il montre AD et BC) *vous paraissent* devenir de plus en plus petits, à mesure que celui-ci (DC) s'éloigne de vous. »

L'instructeur place la feuille sur la table.

« *Il vous semble* que ces deux côtés sont devenus plus courts et que la feuille est devenue moins large. Or, **vous devez dessiner comme vous voyez.** »

S'adressant à ceux qui voient le papier à leur gauche :

« Vous, vous voyez la feuille comme ceci. » (Il trace la figure 2.)

S'adressant à ceux qui voient le papier à leur droite :

« Vous, vous voyez la feuille comme cela. » (Il trace la figure 3.)

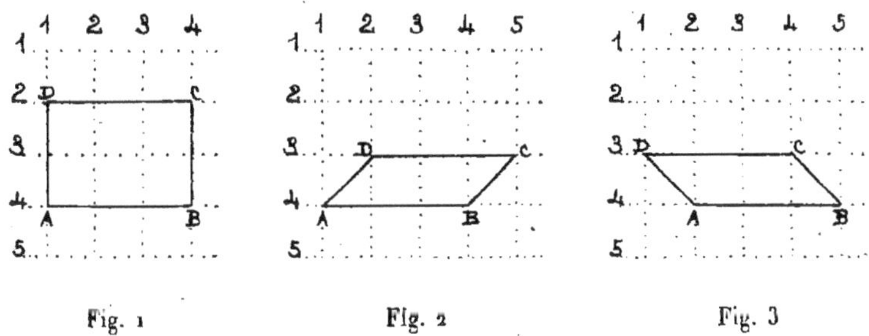

Fig. 1 Fig. 2 Fig. 3

Faire tracer par les élèves *ce qu'ils voient* de l'endroit où ils sont ; puis faire recommencer après qu'ils ont changé de place (ceux du groupe de droite passant à gauche et *vice versa*.)

CALCUL. — Écrire au tableau :

6 × 9	8 × 4	3 × 8	2 × 5	9 × 8	7 × 7
9 × 7	3 × 7	9 × 9	6 × 8	8 × 7	5 × 8

Sur son ardoise, chaque tirailleur « pose les opérations » et écrit les résultats.

Vérifier les ardoises, puis faire répéter à haute voix, par les tirailleurs interpellés, les opérations et les résultats.

(1) Les notions de réduction apparente des dimensions des objets en fonction de leur éloignement seront enseignées successivement ; il ne saurait être question de parler de « ligne d'horizon », de « point de vue », etc., avant que les élèves aient quelques notions très élémentaires de géométrie ; le but unique poursuivi est d'apprendre à figurer la *déformation apparente* des objets vus en perspective ; pour les débuts, on considère donc comme négligeable la réduction apparente de longueur du 4e côté DC.

43e LEÇON.

LECTURE ET ÉCRITURE.

Lecture.

Une jeune guenon, jouant au pied d'un noyer, venait de ramasser un fruit de couleur verte, tombé de l'arbre.

« Quel est ce fruit, s'il vous plaît ? » dit-elle à un vieux singe assis près de là. « Voudriez-vous me dire s'il est bon à manger ? »

« C'est une noix, lui répondit-il. Les noix fraîches sont excellentes. J'aime bien en manger. »

La guenon mord le fruit et le jette en disant : « Vous vous êtes moqué de moi ; cette noix est très amère. »

Le singe ramasse le fruit, enlève l'enveloppe verte, casse la coque, épluche la noix et la mange en disant :

« Je ne me suis pas moqué de vous, mon enfant ; les noix sont excellentes ; avant d'y mordre, il faut les éplucher. »

(D'après FLORIAN.)

Écriture.

Tracer au tableau et faire tracer sur les ardoises (hauteur d'un carré, puis d'un demi-carré) :

N'oublie pas que sans un peu de travail, tu n'auras jamais de plaisir.

DICTÉE.

Quel est le travail que nous devons faire avant de manger une noix verte tombée d'un noyer?

Nous devons enlever l'enveloppe verte, casser la coque, puis éplucher la noix.

La noix fraîche est très blanche; elle est excellente. L'enveloppe est très amère.

DESSIN. — Notion élémentaire de la perspective linéaire.

Placer les élèves de façon à avoir devant soi deux groupes : l'un à droite, l'autre à gauche.

L'instructeur prend la feuille de papier fort utilisée à la leçon précédente, la place sur la table et la montre en donnant l'explication aboutissant à la figure 1, qu'il trace au tableau.

Puis, autour de la ligne A B comme axe, il fait tourner la feuille verticalement de façon à rapprocher B de son corps :

« Je fais tourner la feuille de façon que ce côté (DA) ne bouge pas et que ce côté (CB s'éloigne de vous ; les deux autres côtés (AB et DC) vous *paraissent* devenir *plus courts* et il vous semble que la feuille soit devenue moins longue. Or, vous devez dessiner comme vous voyez. »

S'adressant à ceux qui voient le papier à leur gauche :

« Vous, vous voyez la feuille comme ceci. » (Il trace la figure 2.)

S'adressant à ceux qui voient le papier à leur droite :

« Vous, vous voyez la feuille comme cela. » (Il trace la figure 3.)

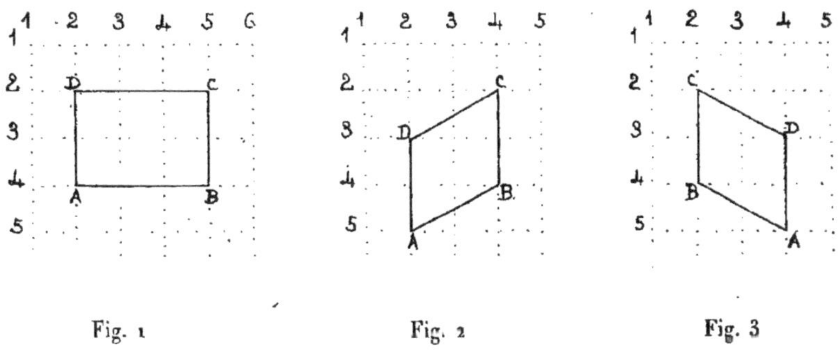

Fig. 1 Fig. 2 Fig. 3

Faire tracer par les élèves *ce qu'ils voient* de l'endroit où ils sont ; puis faire recommencer après qu'ils ont changé de place (ceux du groupe de droite passant à gauche et *vice versa*).

CALCUL. — Problèmes à faire résoudre de tête (l'instructeur écrivant seulement les chiffres au tableau).

I. Un couteau coûte 2 francs, combien coûtent 6 couteaux ?

II. A chaque fenêtre de la chambre il y a 6 (ou 8) carreaux ; la chambre a 4 fenêtres Combien y a-t-il de carreaux dans la chambre ?

III. Combien y a-t-il de jours dans 6 semaines ?

IV. Une demi-douzaine d'œufs coûte 4 francs. Combien coûtent 2 douzaines d'œufs ?

V. Je fais 5 kilomètres à l'heure ; j'ai marché pendant 6 heures. Combien ai-je fait de kilomètres ?

VI. Un homme de corvée est descendu 7 fois dans la cour et il a rapporté, chaque fois, une cruche d'eau qui pèse 9 kilos. Combien a-t-il porté de kilos en tout ?

44e LEÇON.

LECTURE ET ÉCRITURE.

Lecture.

Un homme disait toujours qu'il n'y en avait pas un autre aussi fort que lui.

Étant en voyage, il s'arrête chez un maréchal ferrant et lui dit : « Remplacez, je vous prie, le fer que mon cheval vient de perdre ; mais, auparavant, laissez-moi voir si vos fers sont bons. »

Prenant à deux mains le fer que lui présente le maréchal, il le casse en deux en disant : « Votre fer ne vaut rien ! » Il en casse de même deux autres ; puis, tout fier d'avoir montré sa force, il laisse ferrer son cheval avec un quatrième, qu'il fait semblant de trouver de bonne qualité.

Quand le travail est terminé, il tend une pièce d'argent (1) au maréchal. Celui-ci prend la pièce entre ses doigts, la casse en deux et jette les morceaux en disant : « Votre pièce ne vaut rien ! » Il recommence avec une deuxième, puis avec une troisième pièce. Enfin, il garde la quatrième en disant : « Celle-ci est meilleure. »

Le cavalier, d'abord surpris, se met à rire, puis, lui remettant une cinquième pièce, il dit : « Prenez celle-ci comme payement de la leçon que vous venez de me donner. »

(D'après ADDISON.)

Écriture.

Tracer au tableau et faire tracer sur les ardoises (hauteur d'un carré, puis d'un demi-carré) :

Si fort que soit un homme, il

en trouvera toujours un autre plus fort que lui.

DICTÉE.

Il y avait un homme qui cassait un fer en le prenant à deux mains ; il disait : « Je suis le plus fort de tous les hommes. »

Mais, il a rencontré un maréchal ferrant qui avait cassé en deux morceaux une pièce d'argent qu'il prenait entre ses doigts.

Le second était beaucoup plus fort que le premier.

---

(1) Une pièce de 5 francs, une piastre, un douro, etc.

DESSIN. — NOTION ÉLÉMENTAIRE DE PERSPECTIVE LINÉAIRE.

Disposer les élèves en deux groupes comme à la leçon précédente.

L'instructeur s'est procuré (ou a confectionné) une boîte de $0^m30 \times 0^m20 \times 0^m20$; il la pose sur la table de façon que le côté ABCD soit parallèle au tableau et il cache (avec un mouchoir, par exemple) les faces supérieure et latérales de la boîte.

« Je vais dessiner la boîte telle que je la vois. Je dessine d'abord cette face-ci » (il montre la face antérieure et il trace au tableau le rectangle ABCD); puis, découvrant la face supérieure, il s'adresse aux élèves qui voient la boîte à leur gauche : « Vous, vous voyez le dessus de la boîte comme ceci. » Il trace CDEF (figure 2) et le fait comprendre en plaçant le long de CD le grand côté de la feuille utilisée à la leçon précédente et en la rabattant sur la boîte.

Il tient le discours inverse aux élèves qui voient la boîte à leur droite et trace CDEF (figure 3).

Découvrant la face latérale visible pour les élèves qui voient la boîte à leur gauche, il trace CBGF (figure 2) et le fait comprendre en rabattant (comme ci-dessus) la feuille de papier.

Il tient ensuite le discours inverse aux élèves qui voient la boîte à leur droite et trace ADEH.

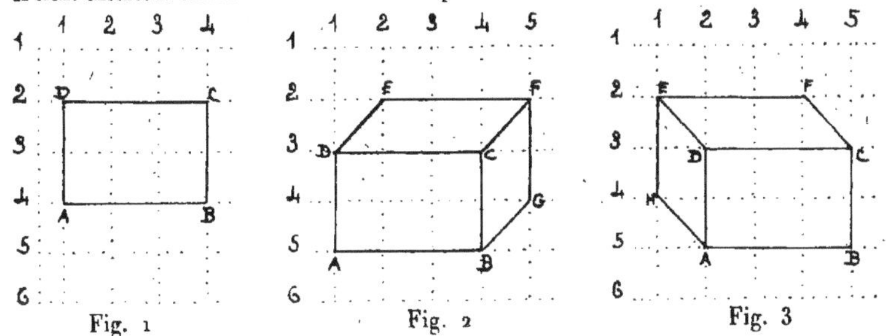

Fig. 1 Fig. 2 Fig. 3

Il termine son explication en disant : « Je ne vois que trois côtés de la boîte; donc, je ne dessine que ceux que je vois.

Faire tracer par les élèves *ce qu'ils voient* de l'endroit où ils sont; puis, faire recommencer après qu'ils ont changé de place (ceux du groupe de droite passant à gauche et vice-versa).

CALCUL. — Multiplier un nombre par un seul chiffre.

a) Soit à faire la multiplication 14×2; cela revient à multiplier par 2, d'abord 4 unités, puis 1 dizaine :

$$4 \times 2 = 8$$
$$10 \times 2 = 20$$
$$\text{Total : } 28$$

Je pose l'opération :

$$\begin{array}{r} 14 \\ \times\ 2 \\ \hline = \quad \end{array}$$

2 fois 4, 8 que j'écris sous le 2 :

$$\begin{array}{r} 14 \\ \times\ 2 \\ \hline =\ 8 \end{array}$$

2 fois 1 (dizaine), 2 que j'écris à gauche de 8 :

$$\begin{array}{r} 14 \\ \times\ 2 \\ \hline =\ 28 \end{array}$$

ce qui est exact, puisque je sais que

$$14 \times 2 = 14 + 14 = 28.$$

b) Soit à faire la multiplication 17×2, cela revient à multiplier par 2 d'abord 7 unités, puis 1 dizaine.

$$7 \times 2 = 14$$
$$10 \times 2 = 20$$
$$\text{Total : } 34$$

Je pose l'opération :

$$\begin{array}{r} 17 \\ \times\ 2 \\ \hline = \quad \end{array}$$

2 fois 7, 14; j'écris le 4 sous le 2 et j'ai 1 de retenue (comme dans une addition; je l'écris à côté pour le retenir et ne pas l'oublier) :

$$\begin{array}{rl} 17 & \\ \times\ 2 & 1 \\ \hline =\ 4 & \end{array}$$

2 fois 1 (dizaine) = 2 + 1 de retenue = 3 que j'écris à gauche du 4 :

$$\begin{array}{r} 17 \\ \times\ 2 \\ \hline =\ 34 \end{array}$$

ce qui est exact, puisque je sais que

$$17 \times 2 = 17 + 17 = 34$$

Faire répéter ces deux raisonnements par tous les élèves successivement.

Terminer en faisant effectuer au tableau (par un ou deux élèves très dégourdis) les opérations :

$$12 \times 4 \qquad 11 \times 7 \qquad 15 \times 6 \qquad 18 \times 4$$

Les autres élèves suivent en écrivant sur leur ardoise; après chaque opération, l'un d'eux est interpellé et répète à haute voix.

Faire faire, chaque fois, la preuve par l'addition.

45e LEÇON.

LECTURE ET ÉCRITURE.

Lecture.

— Qu'est-ce que tu as ? dit, un jour, une souris à son petit qui rentrait à la maison tout essoufflé ! Tu as l'air d'avoir couru bien vite !

— Oh ! maman ! je viens d'avoir une grande frayeur ! J'étais allé me promener dans la cour ; il y avait, couché au soleil, un animal très joli ; il portait une belle fourrure noire et blanche ; sa tête était plus ronde que la nôtre et il avait des moustaches comme nous.

Comme il paraissait très doux et très aimable, je m'approchais pour faire sa connaissance, quand, tout à coup, un oiseau portant sur sa tête des cornes rouges m'a regardé méchamment, avec un gros œil tout rond, a battu des ailes et s'est mis à crier : Cocorico ! Je me suis sauvé à toute vitesse.

— Il est bien heureux pour toi, mon fils, que cet oiseau t'ait mis en fuite ; sans cela, tu serais mort ! Celui qui a crié si fort et qui t'a fait si grand'peur, c'est un coq ; il fait beaucoup de bruit, mais ne t'aurait fait aucun mal.

Tandis que l'autre, c'est un chat. Avec son air si doux, il est très méchant. C'est notre plus grand ennemi. Il tue et il mange les souris qu'il attrape.

Que ceci te serve de leçon : Il ne faut jamais se faire une idée sur quelqu'un d'après sa figure ou d'après ses vêtements.

(D'après La Fontaine.)

Écriture.

Écrire au tableau et faire tracer sur les ardoises (hauteur d'un carré, puis d'un demi-carré) :

Celui qui crie le plus fort

n'est pas le plus méchant.

DICTÉE.

Avez-vous vu un chat qui se promenait dans la cour? C'est le nôtre ; il est très joli et très doux ; il ne fait jamais grand bruit, mais les souris en ont grand'peur.

Quand notre chat voit une souris, il court après elle à toute vitesse ; il l'attrape, la tue et la mange.

DESSIN. — Notion élémentaire de perspective linéaire.

Disposer les élèves en deux groupes comme à la leçon précédente.

L'instructeur place la boîte utilisée à la leçon précédente au-dessus de la ligne des yeux des élèves, de façon que ceux-ci puissent en voir le dessous. (La suspendre, par exemple, par quatre fils partant des quatre angles supérieurs.)

Il donne une explication analogue à celle de la leçon précédente, et il trace d'abord la fig. 1.

Puis, utilisant la feuille de papier qu'il place d'abord dans le prolongement de la face ABCD et qu'il rabat :

1° Sur le fond ABFE; 2° sur la face BCGF (pour les élèves qui voient la boîte à leur gauche).

Ensuite : 1° Sur le fond ABFE; 2° sur la face ADHE (pour les élèves qui voient la boîte à leur droite).

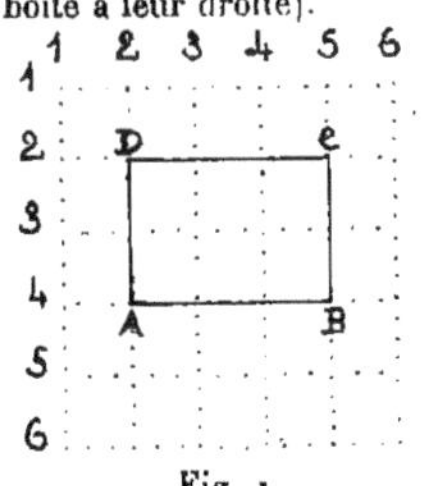

Fig. 1

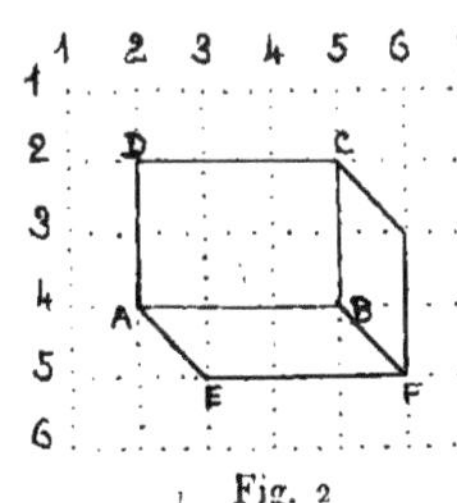

Fig. 2

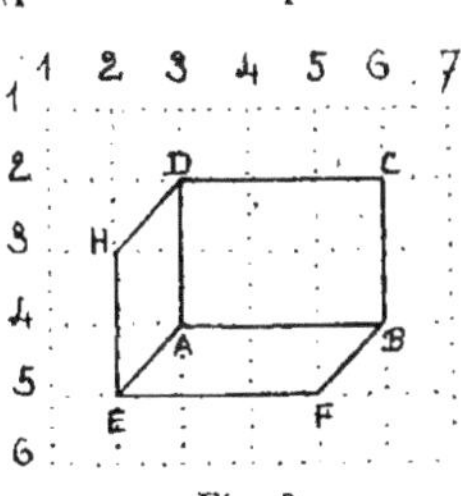

Fig. 3

Faire tracer par les élèves *ce qu'ils voient* de l'endroit où ils sont; puis, faire recommencer après qu'ils ont changé de place (ceux du groupe de droite passant à gauche et vice-versa).

CALCUL. — Multiplier un nombre par un seul chiffre.

Soit à faire la multiplication : 217×3.

Cela revient à multiplier par 3, d'abord 7 unités, puis 1 dizaine, puis 2 centaines..	$7\times3 = 21$ $10\times3 = 30$ $200\times3 = 600$ Total... 651
Je pose l'opération.................	217 $\times\ \ 3$
3 fois 7, 21 ; j'écris le 1 sous le 3 et j'ai 2 de retenue; je l'écris à côté pour le retenir........................	217 $\times\ \ 3$ 2 $=\ \ 1$
3 fois 1 (dizaine) = 3 + 2 de retenue = 5, que j'écris à gauche du 1............	217 $\times\ \ 3$ $=\ 51$
et enfin 3 fois 2, 6 que j'écris à gauche du 5.	217 $\times\ \ 3$ $= 651$

ce qui est exact puisque................ $217\times3 = 217+217+217 = 651.$

Faire répéter ce raisonnement par quelques élèves.

Faire effectuer au tableau les opérations :

126×4 109×5 137×3 208×3 219×4

Les autres élèves suivent en écrivant sur leur ardoise; après chaque opération, l'un d'eux est interpellé et répète à haute voix.

Faire faire chaque fois la preuve par l'addition.

46e LEÇON.

LECTURE ET ÉCRITURE.

Lecture.

Un poisson très vieux disait à toute la bande des petits poissons de sa tribu : « Mes enfants, écoutez ce que je vais vous dire et, surtout, retenez-le bien. Depuis quelques jours, il est tombé de grandes pluies ; le fleuve a beaucoup monté et il a largement débordé ; comme tous les ans, il a inondé les champs, très loin dans la campagne. Mais je vous conseille de ne pas vous éloigner du lit du fleuve et de rester entre les deux rives. Si vous ne suiviez pas mes conseils, vous pourriez vous égarer ; de plus, dès que les pluies cesseront, les eaux baisseront rapidement ; or, à ce moment, les hommes tendront des filets où se prendront tous les poissons qui ne seront pas dans l'eau profonde. »

Le premier jour, les petits poissons s'amusèrent au fil de l'eau ; puis, curieux, ils sont allés jouer dans l'eau calme, en dehors du courant.

Cinq ou six jours plus tard, ils allèrent se promener jusqu'à un village entouré par l'inondation ; le soir, ils s'approchèrent pour voir un feu allumé au bord de l'eau ; c'était très amusant ! Avant de s'endormir, l'un d'eux les fit bien rire en se moquant des conseils de leur ancien.

Mais le fleuve ayant baissé pendant la nuit, ils se réveillèrent prisonniers dans une petite mare ; ils y furent tous pêchés en deux coups de filet par quelques paysans qui les mangèrent à leur déjeuner.

(D'après FLORIAN.)

Écriture.

Tracer au tableau et faire tracer sur les ardoises (hauteur d'un carré, puis d'un demi-carré) :

Il y a, hélas, beaucoup de
jeunes gens qui n'écoutent pas les conseils de leurs parents ou de leurs anciens.

DICTÉE.

Quand il tombe de grandes pluies, le fleuve monte et sort de son lit; il déborde et inonde la campagne; il y a des villages qui sont entourés par l'inondation.

Quand les pluies cessent, l'eau baisse et le fleuve revient entre ses deux rives.

DESSIN. — Notion élémentaire de perspective linéaire.

Réunir les élèves en un seul groupe au milieu de la salle.

Placer la boîte (utilisée à la leçon précédente) de façon qu'aucune des arêtes ne soit parallèle aux côtés de la table sur laquelle elle est posée.

boîte
CB
EF
AD

Table (vue en plan).

L'instructeur trace, d'abord, l'arête AD (la plus rapprochée des élèves).

Pour expliquer les figures 1, 2 et 3 qu'il trace au tableau l'une après l'autre, l'instructeur se sert d'une feuille de papier fort qu'il dispose successivement :

1° le long de l'arête AD et qu'il rabat sur la face ABCD;

2° le long de l'arête AD et qu'il rabat sur la face ADEF;

3° le long de l'arête CD et qu'il rabat sur la face CDEG.

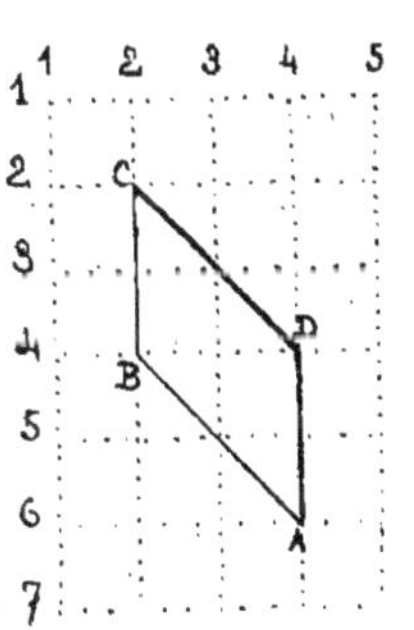

Fig. 1

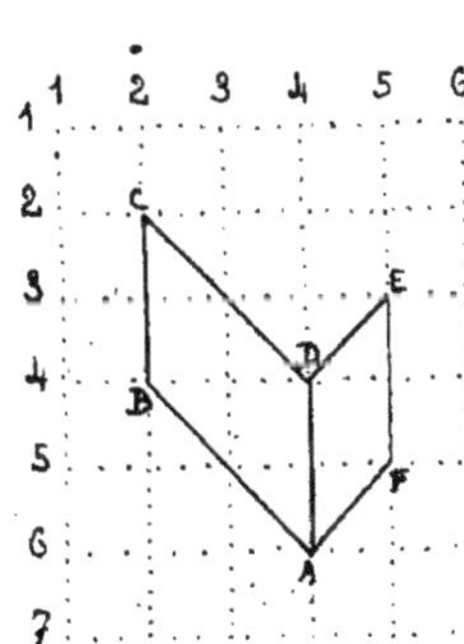

Fig. 2

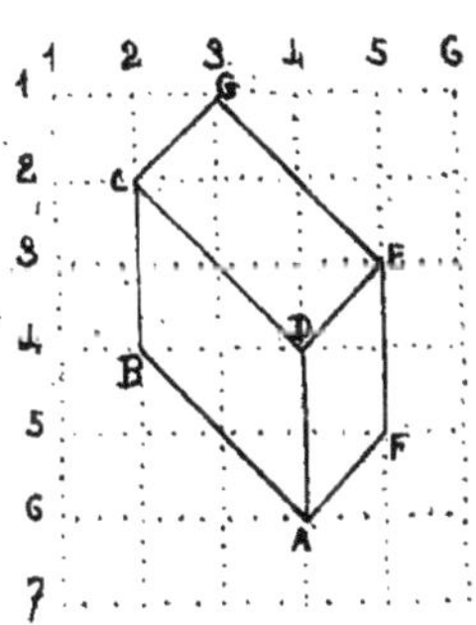

Fig. 3

Faire copier par les élèves.

Faire recommencer en posant la boîte sur la table de façon que sa face la plus longue leur paraisse à droite et la plus petite à gauche.

CALCUL. — Problèmes.

I. Combien y a-t-il d'hommes dans une section comprenant 3 groupes de 13 hommes?

II. Ma chambre est au 3e étage de la caserne; d'un étage à l'autre il y a 22 marches. Combien dois-je monter de marches pour aller dans ma chambre?

III. A la distribution, nous avons touché 8 sacs de pain; chaque sac pèse 26 kilos. Combien de kilos de pain avons-nous touchés?

IV. Je veux acheter deux douzaines de mouchoirs à 3 francs le mouchoir. Combien aurai-je à payer?

V. Chaque carreau vaut 5 francs. Combien ont coûté les carreaux d'une chambre à 4 fenêtres ayant 16 carreaux chacune?

47e LEÇON.

LECTURE ET ÉCRITURE.

Lecture.

Deux mulets de bât marchaient côte à côte ; ils avaient un chargement de même poids ; mais, tandis que l'un des animaux transportait deux sacs de riz, l'autre portait des caisses d'argent.

Le second, très fier de sa charge, relevait la tête et regardait son voisin avec mépris ; en entrant dans un sentier étroit, il l'avait bousculé et lui avait dit :

« Je pense bien que tu n'oserais pas passer avant moi avec ta charge de pauvre paysan ! C'est moi qui dois marcher le premier ! »

Or, au moment où le convoi débouchait dans la plaine, il fut attaqué par une bande de voleurs ; ceux-ci laissèrent passer tranquillement le mulet porteur de riz ; mais, saisissant l'autre par le bridon, ils voulurent l'emmener.

Le mulet essaya de résister ; il fut frappé brutalement ; puis, comme il ruait et mordait, l'un des bandits le fit tomber en lui coupant les jarrets à coups de coupe-coupe ; un autre lui perça la gorge avec son poignard.

Après le départ des bandits, le mulet mourant, voyant son camarade brouter paisiblement, lui dit : « Pourquoi ces gens t'ont-ils laissé en paix tandis qu'ils m'ont tué ? »

« Mon ami, répondit l'autre, si tu n'avais porté que du riz, comme moi, ils ne t'auraient fait aucun mal. »

(D'après La Fontaine.)

Écriture.

Tracer au tableau et faire tracer sur les ardoises (hauteur d'un carré, puis d'un demi-carré) :

Plus votre emploi est élevé,

plus vous avez d'ennuis et d'ennemis.

DICTÉE.

Le voleur avait saisi le mulet par le bridon et voulait l'emmener. Mais le mulet résistait, il essayait de ruer et de mordre.

Le bandit le frappa brutalement et le tua d'un coup de poignard dans la gorge.

L'autre mulet broutait paisiblement ; on ne lui avait fait aucun mal.

DESSIN. — Notion élémentaire de perspective linéaire.

Placer les élèves en un seul groupe de façon qu'ils voient la table à leur gauche.

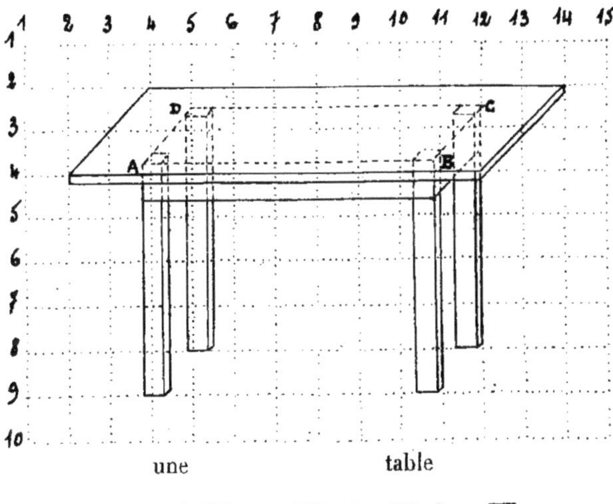

UNE TABLE

Faire remarquer aux élèves que les pointillés représentent les parties cachées des pieds de la table et les bords extérieurs de la planche qui maintient les pieds.

Faire copier sur les ardoises.

CALCUL. — *L'instructeur :*

« Nous savons que pour multiplier un chiffre par 10, il suffit d'écrire ce chiffre et de placer un zéro à sa droite ; ainsi : 1 × 10 = 10 ; 2 × 10 = 20.

Si, au lieu d'avoir un seul chiffre au multiplicande, nous avons un nombre de deux chiffres, nous opérons de même ; en effet, nous savons déjà que 10 fois 10 = 100 : 10 × 10 = 100 (nous voyons bien que c'est 10 à la droite duquel on a placé un zéro).

Appliquons la même règle à 11 multiplié par 10 : 11 × 10 = 110.

En effet, 11 × 10 = 10 fois 11 . .

11
11
11
11
11
11
11
11
11
11
———
110 nous voyons que c'est 11 à la droite duquel on a placé un zéro.

La règle est la même pour tous les autres nombres de deux chiffres à multiplier par 10. 14 × 10 = 140. (On peut le prouver en faisant l'addition.) »

Questionner les élèves et faire répondre :

1° Après qu'ils ont écrit l'opération sur leur ardoise ;

2° En lisant à haute voix l'inscription, sur le tableau, de l'opération à effectuer :

15 × 10 26 × 10 19 × 10 34 × 10 20 × 10 49 × 10

Les autres élèves suivent en écrivant sur leur ardoise ; après chaque opération, l'un d'eux est interpellé et répète à haute voix.

Faire faire, chaque fois, la preuve par l'addition.

48e LEÇON.

LECTURE ET ÉCRITURE.

Lecture.

Un laboureur, très âgé et se sentant bien malade, réunit tous ses fils et leur dit sans témoins : « Mes enfants, je vais bientôt mourir ; le moment est venu pour moi de vous confier un secret ; ne le répétez jamais à personne. Un trésor est caché dans un des champs que je vous laisserai à ma mort. Je ne sais pas en quel endroit il est enterré, mais si vous cherchez avec courage, vous le trouverez certainement. Je vous recommande donc de ne pas vendre les terres dont vous hériterez, mais, au contraire, de travailler pour y chercher la fortune, en restant bien unis. »

Sitôt le père mort, les fils se mirent au travail avec ardeur ; ils retournèrent, dans tous les sens, la terre d'un premier champ ; n'y trouvant rien, ils y semèrent du blé ; ils en firent autant pour un second, puis pour tous les autres.

A l'époque de la moisson, leur récolte fut superbe et leur rapporta beaucoup d'argent.

Ils recommencèrent leurs recherches pendant de nombreuses années ; ils ne trouvèrent jamais la grosse somme qu'ils cherchaient, parce qu'elle n'avait jamais existé ; mais, en travaillant ainsi, ils devinrent les plus riches de leur pays.

Leur père n'avait donc pas menti en leur disant qu'ils trouveraient la fortune en travaillant avec courage.

(D'après La Fontaine.)

Écriture.

Tracer au tableau et faire tracer sur les ardoises (hauteur d'un carré, puis d'un demi-carré) :

Le travail est le trésor le plus sûr.

Soyez bien unis vous serez forts.

DICTÉE.

Les laboureurs retournent la terre de leurs champs : puis ils sèment du blé, de l'orge ou de l'avoine.

Au moment de la moisson, ils font la récolte. Quand celle-ci est abondante, elle leur rapporte une grosse somme d'argent.

Après plusieurs années de travail, ils deviennent riches.

DESSIN. — Notion élémentaire de perspective linéaire.

Dessiner la table employée comme modèle à la leçon précédente, mais en plaçant les élèves en un seul groupe, de façon qu'ils la voient à leur droite :

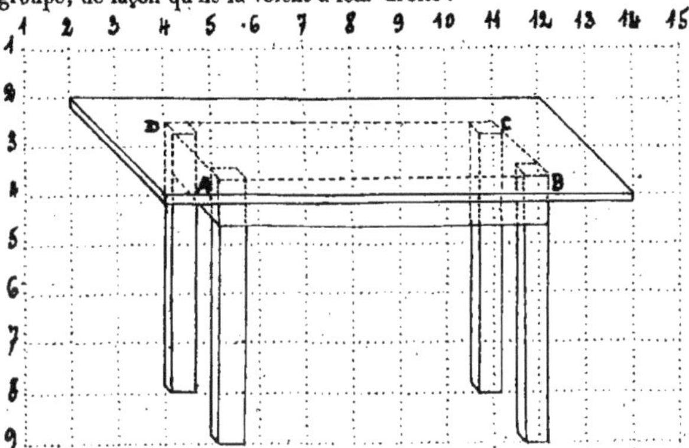

CALCUL. — *L'instructeur :*

« Pour multiplier un nombre de 3 chiffres par 10, il suffit d'écrire un zéro à la droite de ce nombre.

J'ai à multiplier 100 par 10.

100 × 10 = 1.000. Ce nombre s'appelle **mille.** (Dix fois cent égale mille ; mille égale dix fois cent.)

Si je fais l'addition : 100 × 10 = 10 fois 100...

100
100
100
100
100
100
100
100
100
100
——
1000 Ce nombre est bien 100 à la droite duquel est placé un zéro.

On peut, en faisant l'addition, prouver que, **pour multiplier un nombre quelconque par 10, il suffit d'écrire un zéro à sa droite.**

1er exemple : 142 × 10 = 1420 ; ce nombre se lit : *mille quatre cent vingt.*
2e exemple : 237 × 10 = 2370 ; ce nombre se lit : *deux mille trois cent soixante-dix.*
3e exemple : 348 × 10 = 3480 ; ce nombre se lit : *trois mille quatre cent quatre-vingts.* Etc.

Nous voyons donc que pour lire un nombre de quatre chiffres, on lit d'abord le chiffre des mille, puis le chiffre des centaines et, enfin, le nombre formé par le chiffre des dizaines et celui des unités. »

5712 se lit : *cinq mille sept cent douze.*
5718 se lit : *cinq mille sept cent dix-huit.*
5743 se lit : *cinq mille sept cent quarante-trois.*

Questionner les élèves et faire répondre :

1° Après qu'ils ont écrit l'opération sur leur ardoise ;
2° En lisant à haute voix l'inscription, sur le tableau, de l'opération à effectuer.

278 × 10 542 × 10 433 × 10 672 × 10 928 × 10 751 × 10

Les autres élèves suivent en écrivant sur leur ardoise ; après chaque opération, l'un d'eux est interpellé et répète à haute voix.

Faire faire, chaque fois, la preuve par l'addition.

49e LEÇON.

LECTURE ET ÉCRITURE.

Lecture.

— Où allez-vous à cette heure-ci, ma chère amie ? disait un lièvre, paresseusement étendu à l'ombre, à une tortue qui passait devant lui dans un sentier.

— Êtes-vous folle, chargée comme vous l'êtes, de courir en plein soleil ? Vous devez être très pressée, sans doute. Ne craignez-vous pas une insolation ?

— Je ne suis nullement pressée, bien au contraire, mon cher ami, répondit la tortue ; mais je n'aime pas me hâter. Je vais jusqu'au jardin que vous voyez là-bas, au pied de la colline et je ne veux pas y arriver essoufflée et en sueur. Il y a, m'a-t-on dit, quelques salades vertes très tendres ; beaucoup de nos amis le savent ; ils vont sûrement s'y rendre et je veux être là-bas avant qu'ils aient tout dévoré.

— Allez ! Allez ! ma chère, mais ne vous fatiguez pas ; je dois, comme vous, me rendre à ce jardin ; ne craignez rien ; je vous garderai votre part, car j'y serai avant vous.

— Croyez-vous ? dit la tortue. Eh bien, mon cher, parions que j'arriverai la première.

— Ah ! Ah ! je tiens le pari, dit le lièvre en se moquant de la tortue ; mais si vous voulez gagner la course, vous ferez bien de vous débarrasser de la maison que vous portez ; vous la reprendrez au retour.

Pendant que la tortue s'éloignait, le lièvre fit un petit somme ; puis il alla s'amuser avec quelques amis ; il se disait : « J'ai le temps ! Je cours vite ! »

Enfin, il se décida à partir, mais, malgré toute la vitesse de sa course, il arriva au jardin longtemps après la tortue, celle-ci avait déjà bien dîné et il ne restait plus de salades !

(D'après La Fontaine.)

Écriture.

Tracer au tableau et faire tracer sur les ardoises (hauteur d'un carré et d'un demi-carré) :

Courir ne sert à rien :
il faut partir à temps.

DICTÉE.

Beaucoup de gens se moquent de ceux qui font leur travail sans hâte ; ils attendent paresseusement ou bien s'amusent en se disant : « J'ai le temps. Je travaille très vite. » Puis, ils se pressent, ils s'essoufflent et se mettent en sueur ; mais presque toujours, ils arrivent en retard.

DESSIN. — Placer les élèves de façon qu'ils voient la chaise, d'abord à leur droite (figure 1), puis à leur gauche (figure 2) et faire exécuter, sur l'ardoise, les dessins ci-après :

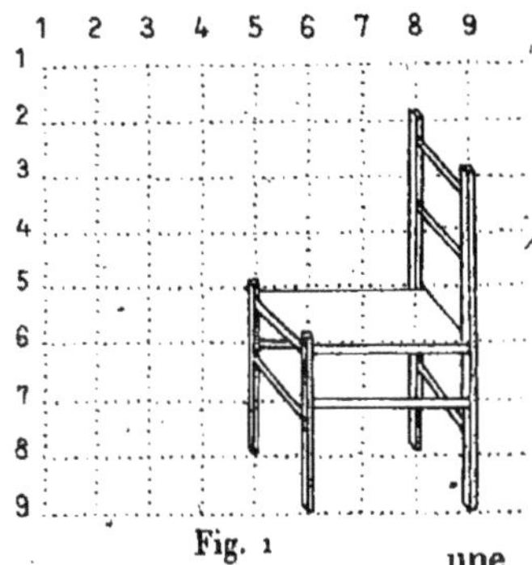

Fig. 1

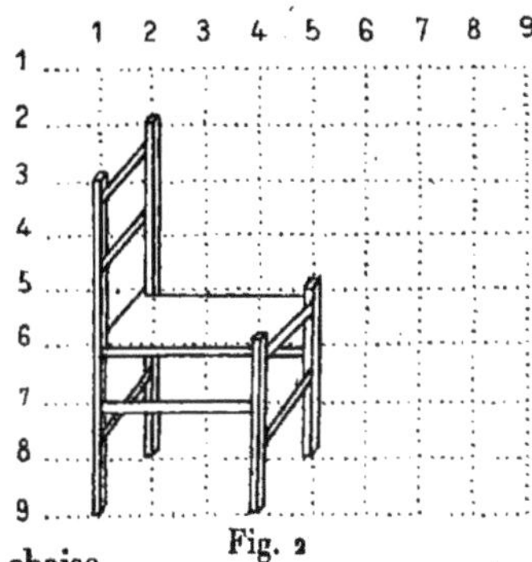

Fig. 2

une chaise

UNE CHAISE

CALCUL. — **A. Multiplier un nombre par un autre nombre de 2 chiffres.**
Soit à faire la multiplication : 54 × 23.

Je pose l'opération : *Multiplicande :* 54
Multiplicateur : 23

Je multiplie, d'abord, 54 par 3 :

```
  54
× 23
----
```

J'ai un premier produit : 162 que j'appelle *premier produit partiel ;* puis je multiplie 54 par 2 (dizaines) ; pour écrire ce deuxième produit (*que j'appelle deuxième produit partiel*) ; j'ai bien soin de *mettre le premier chiffre que je vais trouver sous le chiffre 2 du multiplicateur.*

```
                        54
                      × 23
                      ----
1er produit partiel    162
2e produit partiel    108
                      ----
```

et je fais l'addition des 2 produits partiels : 1242

1242 est le produit de 54 par 23 ; j'écris : 54 × 23 = 1242.

Faire copier sur les ardoises au fur et à mesure de l'explication ; puis, faire effectuer l'opération au tableau par chaque élève en faisant énoncer l'explication détaillée.

B. Enseigner de même à multiplier un nombre quelconque par un autre d'un nombre quelconque de chiffres :

123 × 46   241 × 37   351 × 24   428 × 19   539 × 17

Si j'effectue l'opération : 643 × 29, je trouve comme produit 18,647.
Ce nombre se lit : *dix-huit mille six cent quarante-sept.*
Si j'effectue l'opération : 897 × 196, je trouve comme produit : 175,812.
Ce nombre se lit : *cent soixante-quinze mille huit cent douze.*

C. Cas particulier. — Le multiplicateur contient un ou plusieurs zéros.
Soit à faire la multiplication : 235 × 103.

Si j'applique la règle donnée, j'écrirai :	dans la pratique, on écrit :
235 103 ——— 705 000 235 ——— 24205	235 103 ——— 705 2350 ——— 24205
	sans porter tous les zéros du 2e produit partiel.

50e LEÇON.

LECTURE ET ÉCRITURE.

Lecture.

Une jeune paysanne s'en allait vers la ville voisine, en portant sur sa tête un pot plein de lait.

Elle avait mis, ce jour-là, pour être plus agile, une robe très courte et des souliers légers.

Elle marchait très vite et, au lieu de regarder où elle posait ses pieds, elle rêvait.

Avec le prix du lait, elle achetait un cent d'œufs qu'elle faisait couver; elle se voyait déjà au milieu de tous ses poulets, dans la cour de sa maison. Rêvant toujours, elle les vendait et achetait un petit porc; elle l'engraissait et un charcutier venait déjà le chercher; il le payait très cher.

Avec cet argent, elle achetait une vache et son veau. Ah! qu'il est donc amusant à voir courir et sauter autour de sa mère!

Et la paysanne, ne pensant plus à la charge qu'elle a sur la tête, saute de joie, elle aussi.

Patatras! le pot se renverse et tombe à terre; tout le lait coule sur la route!

Adieu les œufs, les poulets, le porc, la vache et son veau!

Toute cette richesse n'était qu'un rêve et la paysanne rentra chez elle en pleurant.

(D'après La Fontaine.)

Écriture.

Tracer au tableau et faire tracer sur les ardoises (hauteur d'un carré, puis d'un demi-carré):

Il ne faut pas rêver en

travaillant; il faut penser à ce que l'on fait.

DICTÉE.

Vous avez tous rêvé que vous étiez ou forts, ou riches; que vous étiez ou le maître, ou le chef; vous faisiez le bien autour de vous. Et un petit accident vous a brutalement rappelé que tout cela n'était qu'un rêve.

DESSIN. — Placer les élèves de façon qu'ils voient la commode, d'abord à leur droite (figure 1), puis à leur gauche (figure 2) et faire exécuter, sur l'ardoise, les dessins ci-après :

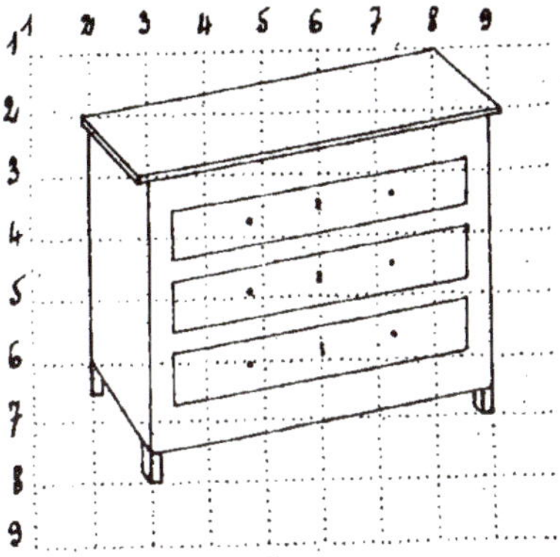

Fig. 1 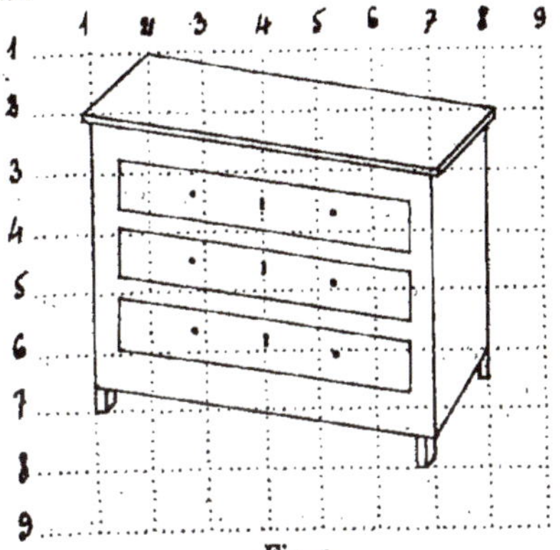 Fig. 2

une commode

UNE COMMODE

CALCUL. — I. L'instructeur trace au tableau :

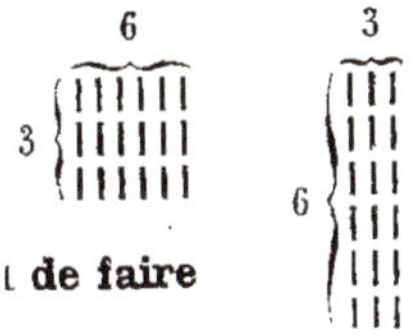

Ce petit tableau montre que 3 fois 6 égale 6 fois 3 ; donc : $6 \times 3 = 3 \times 6$, c'est-à-dire que *le produit de deux nombres ne change pas quand on met le multiplicande à la place du multiplicateur.*

Ceci nous permet de vérifier une multiplication, autrement dit **de faire la preuve** de cette multiplication.

Exemple : j'ai fait la multiplication $14 \times 17 = 238$; pour vérifier, (pour faire la preuve), je fais l'opération : 17×14, je trouve comme produit 238 ; ma première opération est donc juste.

II. L'instructeur écrit au tableau (et fait copier sur les ardoises) sur une ligne (horizontale) les 10 premiers nombres (un par carré du quadrillage); sur une deuxième ligne (horizontale) les nombres de 2 en 2 à partir de 2 ; sur une troisième ligne (horizontale) les nombres de 3 en 3 à partir de 3, etc., jusqu'à la dixième ligne (horizontale).

Première utilisation de ce tableau appelé : «**Table de Pythagore**».

Je veux trouver le produit 6×8.

Je cherche 6 sur la première ligne (horizontale); puis je descends dans la colonne 6 jusqu'à la huitième ligne (celle qui commence par un 8); je trouve le produit 48.

Or je sais que 8 fois 6 = 48.

Si je veux trouver le produit de 8×6, je cherche 8 sur la première ligne; puis je descends dans la colonne 8 jusqu'à la sixième ligne (celle qui commence par un 6); je trouve le produit 48.

Or je sais que 6 fois 8 = 48.

Interroger chaque élève, qui expliquera comment il utilise la table.

Inviter chacun d'eux à faire, sur une feuille de papier, une table de Pythagore, qu'il aura sur lui au moment du cours.

1	1	2	3	4	5	6	7	8	9	10
2	2	4	6	8	10	12	14	16	18	20
3	3	6	9	12	15	18	21	24	27	30
4	4	8	12	16	20	24	28	32	36	40
5	5	10	15	20	25	30	35	40	45	50
6	6	12	18	24	30	36	42	48	54	60
7	7	14	21	28	35	42	49	56	63	70
8	8	16	24	32	40	48	56	64	72	80
9	9	18	27	36	45	54	63	72	81	90
10	10	20	30	40	50	60	70	80	90	100

51e LEÇON.

LECTURE ET ÉCRITURE.

Lecture.

Une tourterelle buvait au bord d'un ruisseau, quand elle vit auprès d'elle une fourmi qui était tombée dans l'eau ; la malheureuse petite bête faisait, en vain, de grands efforts pour regagner la rive ; elle allait se noyer !

La tourterelle, charitable, fit pencher un brin d'herbe que la fourmi saisit et qui lui servit de jetée pour revenir à terre.

La tourterelle lui avait sauvé la vie.

Un jeune homme qui, les pieds nus, marchait sans bruit, passa par là quelques instants après ; dès qu'il vit la tourterelle, il s'arrêta et s'apprêta à tirer sur elle ; au moment où il allait épauler, la fourmi le piqua fortement au talon ; le jeune homme, surpris, cria : Aïe ! et se baissa pour se frotter le pied.

La tourterelle, qui, jusque-là ne l'avait pas vu, releva la tête en entendant crier, aperçut son ennemi, s'envola aussitôt et fut rapidement hors de portée.

La fourmi, à son tour, lui avait sauvé la vie.

(D'après La Fontaine.)

Écriture.

Tracer au tableau et faire tracer sur les ardoises (hauteur d'un carré, puis d'un demi-carré) :

Il faut, autant qu'on le peut, rendre service aux autres. Un bienfait n'est jamais perdu.

DICTÉE.

Un homme, passant auprès d'une rivière, aperçut un malheureux qui était tombé dans l'eau et qui allait se noyer.

Charitablement, il l'aida à regagner la rive et, ainsi, lui sauva la vie.

DESSIN. — Définitions de géométrie.

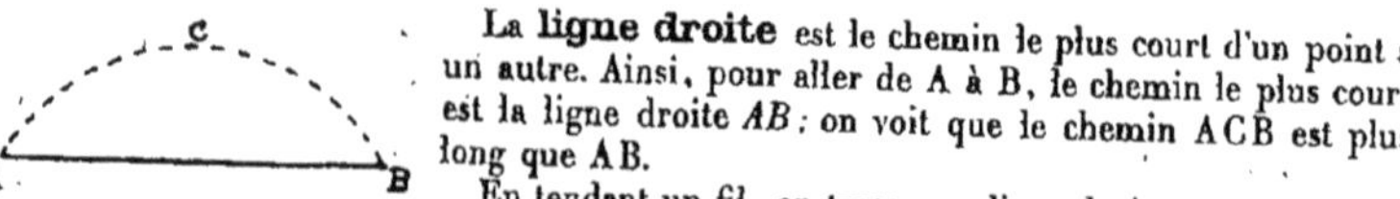

La ligne droite est le chemin le plus court d'un point à un autre. Ainsi, pour aller de A à B, le chemin le plus court est la ligne droite *AB* : on voit que le chemin ACB est plus long que AB.

En tendant un fil, on trace une ligne droite.

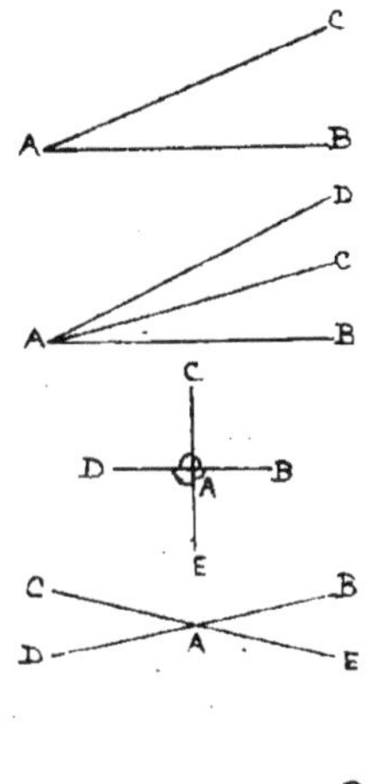

Un angle est une figure formée par deux lignes qui se coupent.

Les deux lignes CA et BA se rencontrent au point A ; elles forment l'angle CAB, le point de rencontre A est appelé **le sommet** de l'angle CAB ; les droites CA et BA, sont **les côtés** de l'angle CAB.

Un angle est d'autant plus grand qu'il est plus ouvert. Ainsi l'angle DAB est plus grand que l'angle CAB.

Deux lignes droites qui se rencontrent sont **perpendiculaires** lorsque les quatre angles qu'elles forment à leur point de rencontre sont égaux. CAB = CAD = DAE = EAB.

On dit que deux droites qui se coupent sont **obliques** quand elles ne sont pas perpendiculaires entre elles.

Les droites CE et DB qui se coupent en A sont obliques l'une sur l'autre parce que les quatre angles CAB, CAD, DAE, EAB ne sont pas égaux entre eux.

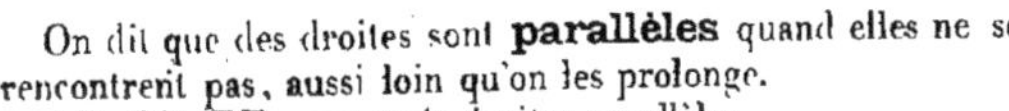

On dit que des droites sont **parallèles** quand elles ne se rencontrent pas, aussi loin qu'on les prolonge.

AB, CD, EF, sont trois droites parallèles.

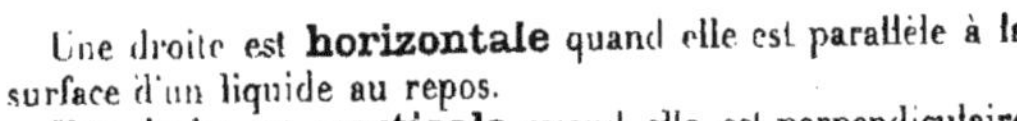

Une droite est **horizontale** quand elle est parallèle à la surface d'un liquide au repos.

Une droite est **verticale** quand elle est perpendiculaire à la surface d'un liquide au repos.

AB, parallèle à la surface de l'eau d'une cuvette, est horizontale.

CD, perpendiculaire à la surface de l'eau d'une cuvette, est verticale.

Une verticale et une horizontale qui se rencontrent sont perpendiculaires entre elles.

CALCUL. — Division.

J'ai 15 cartouchières que je dois donner à 5 tirailleurs. Combien chaque tirailleur aura-t-il de cartouchières ?

Avant de les distribuer, je fais la part de chacun : je prends 5 cartouchières et je les pose sur la table.

		1re part	2e part	3e part	4e part	5e part
	1re fois	□	□	□	□	□
Je recommence :	2e fois	□	□	□	□	□
Je recommence :	3e fois	□	□	□	□	□
	Total	3	3	3	3	3

Chaque part est de 3 cartouchières ; je vois que, pour faire ces parts, j'ai pris 3 fois 5 cartouchières ; mais, puisque je sais que 5 × 3 = 15, j'aurais pu opérer autrement et dire : dans 15, combien y a-t-il de fois 5 et j'aurais ainsi **divisé** mes 15 cartouchières en 5 parts égales.

Donc, **diviser** 15 par 5, c'est chercher combien de fois 5 est contenu dans 15.

Je prends une table de Pythagore ; sur la première ligne, je cherche le chiffre 5 et je descends dans la colonne 5 jusqu'à ce que je trouve 15 ; ce nombre est sur la troisième ligne ; en effet : 3 × 5 = 15.

Donc, 15 divisé par 5 égale 3 ; cela s'écrit : 15 : 5 = 3.

Faire effectuer, d'abord avec la table de Pythagore, puis de tête les divisions :

35 : 7   42 : 6   72 : 8   40 : 5   28 : 4

52ᵉ LEÇON.

LECTURE ET ÉCRITURE.

Lecture.

Un jour, un héron, au long bec emmanché d'un long cou, se promenait sur ses longues jambes, au bord d'une rivière.

L'eau était transparente; on y voyait tournoyer de belles carpes et de superbes brochets; tous venaient près du bord; le héron n'avait qu'à baisser la tête. il était sûr de faire une pêche magnifique; mais il crut mieux faire d'attendre qu'il eut un peu plus d'appétit, car il ne voulait manger qu'à des heures régulières.

Au bout de peu de temps, l'appétit vint; l'oiseau s'approchant du bord vit, à fleur d'eau. des tanches qui paraissaient s'offrir à lui; mais cette espèce de poisson ne lui plut pas! Prenant un air dédaigneux, il s'éloigna de la rivière en disant : « Moi, héron, me contenter de tanches! c'est une trop pauvre nourriture! »

Quelques minutes plus tard, il se rapprocha de l'eau: on n'y voyait plus que des goujons.

Furieux, le héron s'écria : « Des goujons! cela ne vaut même pas la peine d'ouvrir le bec »; et il se remit à se promener, à pas comptés, en tournant le dos à la rivière.

Mais, quand il eut bien faim, la rivière était déserte; tous les poissons étaient partis et l'oiseau fut très heureux de pouvoir déjeuner avec un pauvre petit limaçon.

(D'après La Fontaine.)

Écriture.

Tracer au tableau et faire tracer sur les ardoises (hauteur d'un carré, puis d'un demi-carré):

Ne soyez pas trop difficiles, vous risquez de tout perdre en voulant trop gagner.

DICTÉE.

Il arrive souvent que l'eau d'une rivière est complètement transparente; on voit très bien le fond et même les poissons qui, à certaines heures, vont, viennent, repartent, reviennent, paraissant s'amuser à tournoyer.

DESSIN. — Définitions de géométrie.

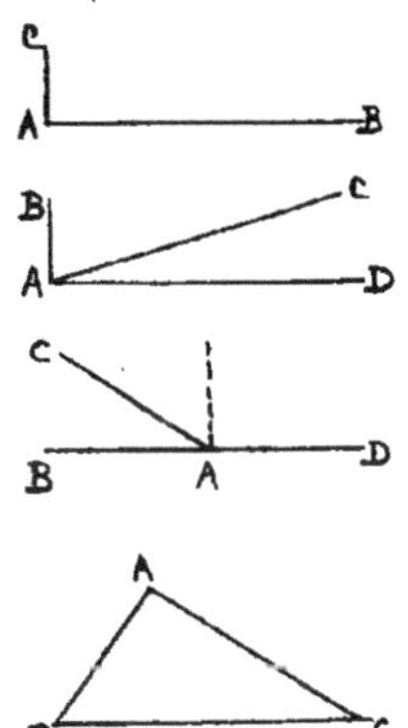

Un **angle droit** est un angle dont les deux côtés sont perpendiculaires.

Un **angle aigu** est un angle plus petit qu'un angle droit. Les angles BAC et CAD sont tous deux des angles aigus.

Un **angle obtus** est un angle plus grand qu'un angle droit. L'angle CAD est un angle obtus.

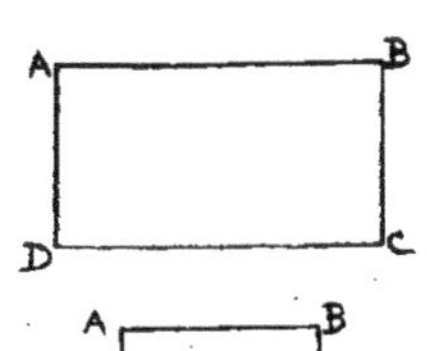

Un **triangle** est une figure formée par trois droites qui se coupent deux par deux en trois points.

ABC est un triangle; on voit qu'il a :

3 côtés : AB, BC, CA;

3 sommets : A, B, C;

3 angles : BAC, ABC, BCA.

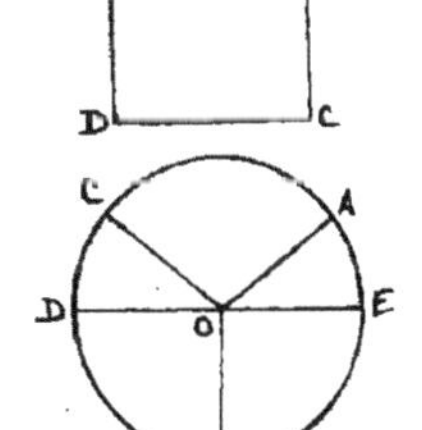

Un **rectangle** est une figure formée par quatre droites qui se coupent deux par deux en faisant quatre angles droits.

ABCD est un rectangle; on voit qu'il a :

4 côtés : AB, BC, CD, DA;

4 sommets : A, B, C, D;

4 angles droits : ABC, BCD, CDA, DAB.

Un **carré** est un rectangle qui a ses quatre côtés égaux. ABCD est un carré.

Une **circonférence** est une ligne courbe dont tous les points sont à égale distance d'un point intérieur appelé **centre.**

Cette distance est appelée **rayon.** OA, OB, OC, sont des rayons; on voit qu'ils sont tous égaux.

On appelle **diamètre** une ligne qui va d'un point à un autre de la circonférence en passant par le centre.

DE passant au centre O est un diamètre; on voit que la longueur d'un diamètre est égale à celle de deux rayons.

CALCUL. — I. Je veux diviser 24 par 6; je trouve que le chiffre 6 est contenu 4 fois dans 24; en effet : $4 \times 6 = 24$.

L'opération s'écrit ainsi :

$24 : 6 = 4$, que l'on énonce 24 divisé par 6 égale 4.

Le nombre 24 s'appelle **le dividende;** le chiffre 6 s'appelle **le diviseur**; le chiffre 4 s'appelle **le quotient.**

II. Je veux diviser 29 par 6; je cherche dans la colonne 6 de ma table de Pythagore et je trouve 24, plus petit que 29, et 30, plus grand que 29; le nombre 29 contient donc 6 plus de 4 fois (et moins de 5 fois).

Je puis écrire :

$29 = 6 \times 4$, plus un reste de 5.

$29 = 6 \times 4 + 5$.

Ce chiffre 5 s'appelle **le reste** de la division.

Faire effectuer, d'abord avec la table de Pythagore, puis de tête, les opérations suivantes (en faisant écrire sur les ardoises) :

12 : 3 32 : 4 48 : 6 14 : 4 19 : 3 28 : 5 44 : 7 65 : 8

53e LEÇON.

LECTURE ET ÉCRITURE.

Lecture.

Deux jeunes paysannes s'en allaient, un jour, ensemble au marché de la ville voisine pour y vendre les légumes de leur jardin.

Chacune d'elles portait, sur sa tête, un panier très lourd et, comme il faisait très chaud, elles étaient très fatiguées.

Elles montaient une côte dont la pente était assez raide, mais du haut de laquelle on voyait, toutes proches, les premières maisons de la ville.

La plus jeune, mais cependant la plus forte des deux paysannes, ne cessait de se plaindre. Arrivée au milieu de la montée, elle s'arrêta, posa son panier à terre et s'assit sur le bord de la route en disant : « Je n'en puis plus ! Je suis découragée ! Je n'irai pas plus loin ! »

L'autre paysanne, après un instant de repos, se prépara, sans une plainte, à continuer sa route.

— N'êtes-vous donc pas fatiguée ? lui dit son amie.

— Je suis fatiguée ; mais j'ai mis, parmi les légumes que je porte, une petite plante qui a enlevé une bonne partie du poids de ma charge.

— Dites-moi, je vous prie, le nom de cette plante, demanda vivement la jeune femme assise.

— C'est la patience, répondit l'autre. La patience est une plante très utile, mais elle doit être cultivée sans violence.

(D'après Schmid.)

Écriture.

Tracer au tableau et faire tracer sur les ardoises (hauteur d'un carré, puis d'un demi-carré) :

Soyez patient et calme, vous

arriverez à terminer les travaux les plus pénibles.

DICTÉE.

Quand il fait très chaud, un homme qui monte une côte à pente raide, en portant une lourde charge, peut être fatigué au milieu de la montée ; mais, après quelques instants de repos, il doit continuer sa route sans se plaindre.

Aucune plainte ne lui enlèverait ni une partie de sa charge, ni une partie de sa fatigue.

DESSIN. — Notion élémentaire de perspective linéaire.

L'instructeur découpe, dans du papier fort, un cercle de 0m20 de diamètre environ ; vers chacune des extrémités A et B d'un diamètre, il attache une ficelle et vers les extrémités d'un diamètre perpendiculaire au premier, il trace en C une croix rouge, en D une croix bleue.

Montrant le cercle aux élèves, il dit : « Toute la partie entourée par une circonférence (la suivre du doigt) s'appelle **un cercle.** »

I. Tenant les ficelles (très près de A et de B), il présente le cercle aux élèves de façon que A B soit horizontal et C D vertical : « Si je place ce cercle verticalement devant vous,

vous voyez que la distance entre les deux croix est égale à la distance entre les points d'attache de la ficelle. Si je vous dis de dessiner le contour du cercle, vous tracerez une circonférence comme ceci. » (Voir figure 1.)

« Je fais tourner doucement le cercle autour des ficelles; la croix rouge et la croix bleue *paraissent* se rapprocher, tandis que les points d'attache de la ficelle ne bougent pas; le cercle *paraît* s'aplatir. Si je veux le dessiner comme je le vois quand il est incliné comme ceci (à 45°), je devrai le représenter comme ceci. » (Voir figure 2.)

« Plus j'incline le cercle et plus il paraît aplati (voir figure 3); si je le mets horizontal *à la hauteur de vos yeux*, vous ne verrez plus qu'une ligne horizontale. » (Voir figure 4.)

« Si je continue à le faire tourner, sa hauteur paraîtra grandir de nouveau, jusqu'à ce que son contour paraisse redevenu une circonférence quand il sera vertical. »

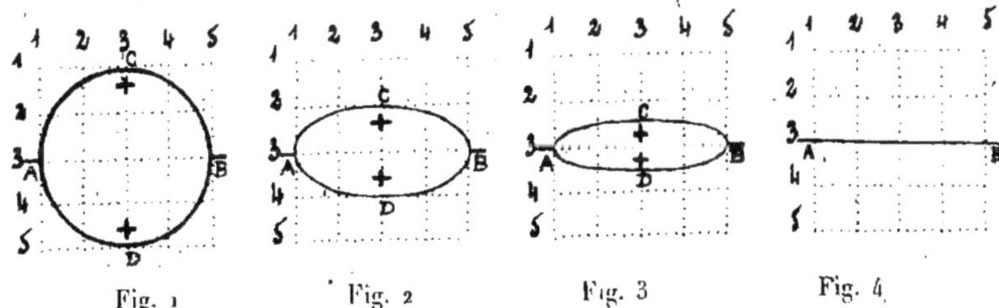

Fig. 1 Fig. 2 Fig. 3 Fig. 4

Faire tracer sur les ardoises les figures ci-dessus.

II. Présentant le cercle de façon que A B soit vertical et C D horizontal, l'instructeur tient aux élèves un raisonnement analogue au précédent pour arriver à leur faire comprendre et dessiner.

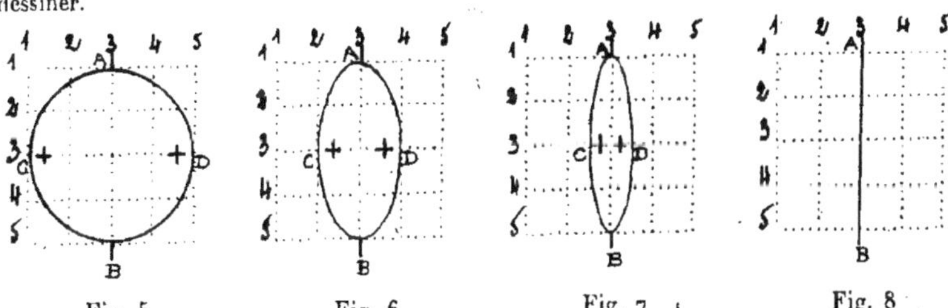

Fig. 5 Fig. 6 Fig. 7 Fig. 8

CALCUL. — Je dois partager 536 francs entre 4 hommes. Combien dois-je leur donner à chacun ?

536 francs c'est 500 + 30 + 6 francs; je vais partager d'abord les centaines de francs, puis les dizaines de francs, puis les unités.

Pour diviser 536 par 4, je pose l'opération comme ceci : je sépare le dividende du diviseur par une barre verticale et je souligne le diviseur par une barre horizontale.

Dividende	Diviseur
536	4
4	134
13	
12	
16	Quotient
16	
00	

Je dis : en 5 centaines combien de fois 4 ? 1 fois; j'écris 1 sous la barre qui souligne le diviseur (c'est la place du quotient) et je dis : 1 fois 4, 4; j'écris 4 au-dessous de 5; je dis : 4 ôté de 5 reste 1 (c'est-à-dire 1 centaine ou 10 dizaines). J'abaisse le chiffre 3 (des dizaines) du dividende; 10 dizaines qui me restaient et 3 dizaines, cela fait 13 dizaines; en 13 dizaines combien de fois 4 ? 3 fois; j'écris 3 au quotient et je dis : 3 fois 4, 12; j'écris 12 au-dessous du 13; je dis 12 ôté de 13 reste 1 (c'est-à-dire 1 dizaine ou 10 unités). J'abaisse le chiffre 6 (des unités) du dividende; 10 unités qui me restaient et 6 unités, cela fait 16 unités; en 16 combien de fois 4 ? 4 fois; j'écris 4 au quotient et je dis 4 fois 4, 16; j'écris 16 au-dessous de 16; je dis 16 ôté de 16, reste 0.

Donc 536 : 4 = 134. En effet : $134 \times 4 = 536$.

Je dois donner à chaque homme : 134 francs.

Faire copier sur les ardoises; puis, faire répéter successivement, par chacun des élèves, la conduite de l'opération; faire faire **la preuve**, par la multiplication.

54e LEÇON.

LECTURE ET ÉCRITURE.

Lecture.

Un chien de berger, gardant un troupeau au pâturage, rencontrait tous les jours un renard.

Les premières fois, le renard s'enfuyait dès qu'il apercevait le chien, mais celui-ci ne le poursuivait pas, car il savait que la bête sauvage n'attaquerait jamais les moutons.

Le renard se rassura, ne prit pas la fuite, se rapprocha du chien, et, petit à petit, les deux animaux devinrent des amis.

Le renard osa venir jusqu'à la ferme, le soir, pour partager le repas du chien; et comme, une fois, le troupeau n'était pas sorti, il eut l'audace de venir, en plein jour, voir son ami.

La basse-cour était, à cette heure, pleine de volailles de toutes sortes. Avant de repartir, il pensa qu'il pouvait bien emporter une oie pour son souper.

Il en choisit une bien grasse, sauta sur elle et l'étrangla; mais toutes les autres volailles, effrayées, se mirent à pousser de grands cris qui attirèrent l'attention du fermier; celui-ci, apercevant le renard traînant le corps de sa victime, prit son fusil et tira sur le voleur qui tomba grièvement blessé.

En courant à lui pour l'achever d'un coup de crosse, il remarqua que son chien se tenait tranquillement assis tout auprès des deux bêtes étendues sur le sol.

Il cassa d'abord la tête du renard, en disant : « Vaurien ! voleur ! tu ne tueras plus mes oies ! » Puis se tournant vers le chien, il lui dit : « Toi aussi, tu seras puni !

« Moi, répondit le chien, mais je suis innocent; je n'ai jamais rien volé de ma vie !

« Comment puis-je te croire ? dit le maître, je te trouve en compagnie d'un voleur; je pense que tu dois avoir les mêmes habitudes que lui, tu auras le même sort. » Et, d'un coup de fusil, il lui fracassa le crâne.

(D'après ADDISON.)

Écriture.

Tracer au tableau et faire tracer sur les ardoises (hauteur d'un carré, puis d'un demi-carré) :

Si vous ne voulez pas

être traité comme un mauvais

sujet, ne fréquentez pas les mauvais sujets.

DICTÉE.

Bien souvent, des jeunes gens se laissent approcher par des vauriens qu'ils ne connaissent pas et, petit à petit, deviennent leurs amis; ceux qui les voient dans cette compagnie pensent que tous sont des mauvais sujets de la même sorte.

Dis-moi qui tu fréquentes, je te dirai qui tu es, dit un proverbe.

DESSIN. — Notion élémentaire de perspective linéaire.

Faire copier les dessins et les légendes ci-après :

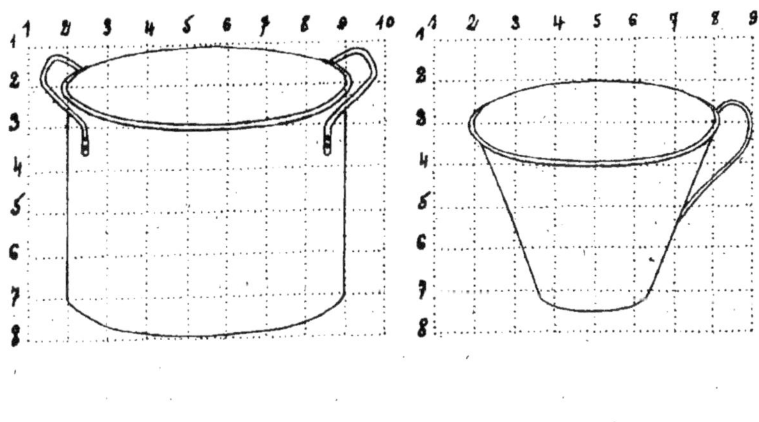

une marmite — une tasse

UNE MARMITE — UNE TASSE

CALCUL. — I. Je dois diviser 648 par 6.

Je pose l'opération :

648	6
6	108
048	
48	× 6
00	648 } preuve

En 6, combien de fois 6 ? 1 fois ; j'écris 1 au quotient ; 1 fois 6, 6 que j'écris sous le 6 du dividende ; 6 ôté de 6 reste 0, que j'écris ; j'abaisse le 4 des dizaines du dividende ; en 4 combien de fois 6 ? 0 fois ; j'écris 0 au quotient (je ne fais pas la multiplication 0 fois 6 = 0 à écrire sous le 4, ni la soustraction 0 ôté de 4, reste 4).

J'abaisse le 8 des unités ; cela me fait 48 unités ; en 48 unités combien de fois 6 ? 8 fois ; j'écris 8 au quotient ; 8 fois 6, 48 que j'écris au-dessous de 48 du dividende, 8 de 8 = 0 ; 4 de 4 = 0.

Le quotient de 648 par 6 est 108 ; en effet, 108 × 6 = 648.

II. Je dois diviser 378 par 9.

Je pose l'opération :

378	9
36	42
18	
18	× 9
00	378 } preuve

En 3 combien de fois 9 ? 0 fois (je n'écris pas 0 au quotient et je ne fais pas la multiplication 0 fois 9 = 0 à écrire sous le 3, ni la soustraction 0 ôté de 3 reste 3).

Je prends deux chiffres au dividende et je dis :

En 37 combien de fois 9 ? 4 fois, j'écris 4 au quotient ; 4 fois 9, 36 que j'écris sous le 37 du dividende ; 36 ôté de 37 reste 1.

J'abaisse le 8 des unités, en 18 combien de fois 9 ? 2 fois ; j'écris 2 au quotient, 2 fois 9, 18 que j'écris sous le 18 du dividende ; 18 ôté de 18, reste 0.

Le quotient de 378 par 9 est 42 ; en effet : 42 × 9 = 378.

Faire copier sur les ardoises ; puis, faire répéter successivement par chacun des élèves la conduite de l'opération.

55e LEÇON.

LECTURE ET ÉCRITURE.

Lecture.

Un jeune coq, perché sur la plus haute branche d'un arbre, chantait si fort qu'il attira un renard, en chasse dans les environs.

« — Bonjour, mon cher ami, cria le renard. Comment vous portez-vous, depuis si longtemps que je ne vous ai vu ?

— Je vous remercie, dit le coq. Je me porte aussi bien que possible.

— Descendez donc de ce perchoir, dit le rusé renard, que je puisse vous embrasser.

— Vous êtes bien aimable, je vous remercie, répondit le coq ; mais je n'en ferai rien, car j'ai entendu mon vieux maître dire que le renard est très friand de la chair de coq.

— Allons donc ! enfant, dit le fripon ; permettez-moi de vous dire que votre vieux maître est un vieux fou ; il n'y a pas un mot de vrai dans ce qu'il vous a raconté, car, maintenant, la paix est faite entre tous les animaux.

— Vraiment ! dit le coq ; j'en ai le cœur plein de joie ! et, en même temps, il tendait le cou comme s'il s'efforçait de voir quelque chose dans le lointain.

— Que regardez-vous ainsi, mon cher, demanda le renard ?

— Oh ! rien d'intéressant ! tout simplement une meute de chiens qui, venant par ici, paraissent lutter de vitesse.

— Une meute de chiens, dit le renard ; il est grand temps que je me sauve.

— Vous sauver, répondit le coq ; mais pourquoi ? Nous sommes tous en paix, me dites-vous.

— Oui, lui cria le renard en détalant ; mais je vais rentrer chez moi le plus vite possible, car il y a dix à parier contre un que ces maudits chiens n'ont pas encore reçu la nouvelle de la paix. »

Le coq, rassuré, se mit à rire, tout joyeux du succès de sa ruse.

(D'après La Fontaine.)

Écriture.

Tracer au tableau et faire tracer sur les ardoises (hauteur d'un carré, puis d'un demi-carré) :

On ressent un double plaisir à se dire que l'on a réussi à tromper celui qui voulait vous tromper.

DICTÉE.

Mon cher ami.

Depuis que je vous ai vu, je me porte aussi bien que possible.

J'ai le plaisir de vous dire que j'ai reçu des nouvelles qui m'ont rempli le cœur de joie ; tous se portent bien chez moi.

Je vous remercie de ce que vous m'avez écrit.

Je ne vois rien d'intéressant à vous raconter.

DESSIN. — NOTIONS ÉLÉMENTAIRES DE PERSPECTIVE LINÉAIRE.

Faire copier les dessins et les légendes ci-dessous :

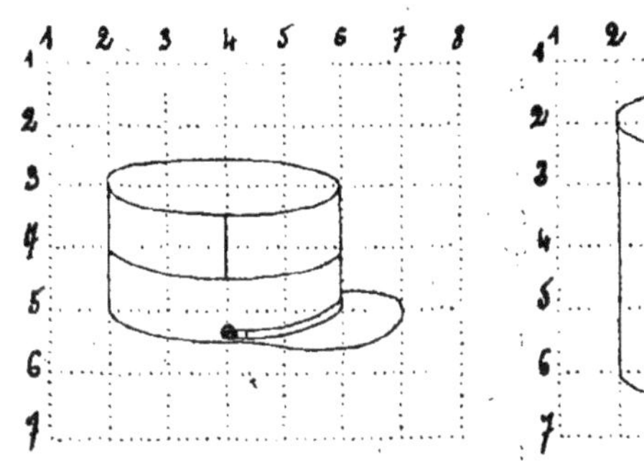

le képi du sergent

la chéchia du tirailleur

LE KÉPI DU SERGENT

LA CHÉCHIA DU TIRAILLEUR

CALCUL. — I. Je dois diviser 756 par 28.

Je pose l'opération :

756	28	
56	27	
196	× 28	preuve
196	216	
000	54	
	756	

Je vois tout de suite que 7 ne contient pas 28 ; je prends donc deux chiffres à gauche du dividende et je dis : en 75 combien de fois 28 ? ou bien, en 7 combien de fois 2 ? 3 fois. Avant d'écrire 3 au quotient, *j'essaie* de tête ce chiffre et je dis : 3 fois 8, 24 qui me donnera 2 de retenue ; puis 3 fois 2, 6 et 2 de retenue, 8, qui est plus grand que 7 ; donc 3 au quotient est trop fort. *J'essaie* 2 ; 2 fois 8, 16, 1 de retenue ; puis 2 fois 2, 4 et 1 de retenue 5, plus petit que 7.

J'écris 2 au quotient ; 2 fois 8, 16 que j'écris sous le 5 et 1 de retenue ; puis 2 fois 2, 4 et un de retenue 5, que j'écris sous le 7 ; je fais la soustraction 75 – 56 = 19.

J'abaisse le 6 du dividende ; en 196, combien de fois 28, ou bien en 19 combien de fois 2 ; *j'essaie* (comme ci-dessus) 9, puis 8, puis 7 et j'écris 7 au quotient ; je fais la multiplication 28 × 7 qui me donne 196 que j'écris et je fais la soustraction.

Le quotient de 756 par 28 est 27 ; en effet : 27 × 28 = 756.

782	28	
56	27	
222	× 28	preuve
196	216	
026	54	
	756	
	+ 26	
	782	

II. Je dois diviser 782 par 28.

Je pose l'opération et j'opère comme ci-dessus.

J'arrive à trouver que 782 : 28 = 27 plus un reste de 26.

Pour faire la preuve de l'opération, je multiplie 27 par 28 ce qui me donne 756, *j'y ajoute* le reste que j'ai trouvé en faisant la division et je retrouve mon dividende 782.

Donc, mon opération est juste puisque :

$$782 = 27 \times 28 + 26.$$

Faire copier sur les ardoises ; puis, faire répéter successivement, par chacun des élèves, la conduite de l'opération.

56e LEÇON.

LECTURE ET ÉCRITURE.

Lecture.

Un chien avait dérobé un beau morceau de viande.

Pour pouvoir le dévorer sans être vu, il se dirigeait vers un petit bois situé à quelque distance du village ; il devait, pour cela, franchir, sur un ponceau fait d'une seule planche, une rivière assez profonde, dont le courant était très rapide.

En passant sur la planche, il aperçut, dans l'eau, sa propre image.

Croyant voir un autre chien portant un déjeuner meilleur que le sien, il voulut aussitôt le lui voler.

Hérissant son poil et montrant les dents à celui qu'il pensait pouvoir dépouiller facilement, il lâcha sa proie et s'élança dans l'eau.

Il faillit se noyer et ne put qu'à grand'peine regagner la rive.

Pendant qu'il se débattait pour sortir de la rivière, le courant avait emporté le morceau de viande ; le chien ne le retrouva pas.

Il rentra chez lui tout honteux, sans avoir déjeuné, et, en arrivant à la maison, reçut une bonne correction de son maître qui, de loin, l'avait vu se sauver avec la viande volée.

(D'après La Fontaine.)

Écriture.

Tracer au tableau et faire tracer sur les ardoises (hauteur d'un carré, puis d'un demi-carré) :

Le bien mal acquis
ne profite jamais.

DICTÉE.

Un enfant était tombé dans une rivière profonde. Le courant, très rapide, l'emportait ; l'enfant se débattait ; il allait se noyer.

Un jeune homme s'élança dans l'eau, arriva jusqu'à l'enfant et put le ramener sur la rive.

DESSIN. — NOTIONS ÉLÉMENTAIRES DE PERSPECTIVE LINÉAIRE.
Faire copier les dessins et les légendes ci-après :

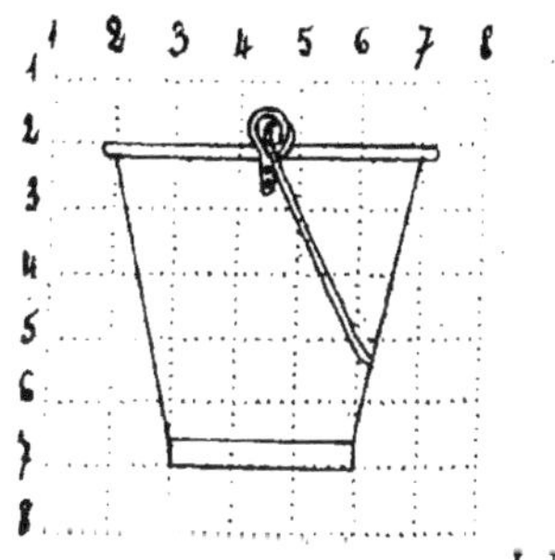

Vu de profil.
(Le seau est posé à la hauteur de l'œil du dessinateur.)

un seau
de cuisine

UN SEAU DE CUISINE

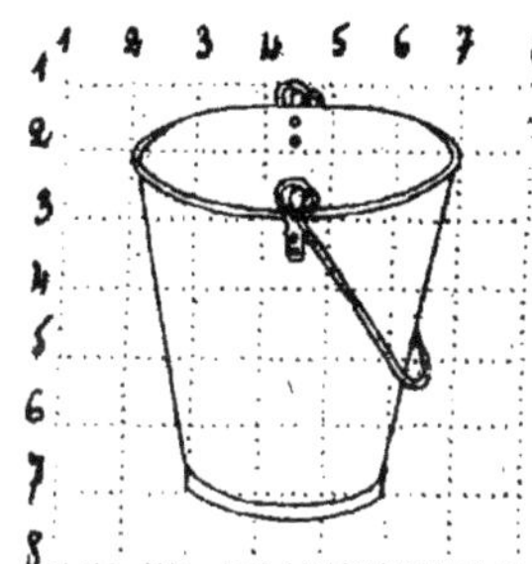

Vu en perspective.
(Le seau est placé un peu au-dessous de l'œil du dessinateur.)

CALCUL. — Lire et écrire des nombres au-dessus de 1 000, jusqu'à un milliard.

1 000 + 1 000 = 2 000 deux mille.
2 000 + 1 = 2 001 deux mille un.
2 000 + 2 = 2 002 deux mille deux.

....

....

2 000 + 575 = 2 575 deux mille cinq cent soixante-quinze.

....

2 000 + 999 = 2 999 deux mille neuf cent quatre-vingt-dix-neuf.
2 000 + 1 000 = 3 000 trois mille.

....

9 000 + 1 000 = 10 000 dix mille.

....

10 000 + 10 000 = 20 000 vingt mille.

....

90 000 + 10 000 = 10 fois 10 000 = 100 000 cent mille.

....

900 000 + 100 000 = 1 000 fois 1 000 = 1 000 000 un million.

....

900 000 000 + 100 000 000 = 1 000 fois un million = 1 000 000 000 un milliard.

Enseigner que les trois premiers chiffres à droite forment **la classe des unités** ; les trois suivants forment **la classe des mille** ; les trois suivants **la classe des millions** ; les trois suivants **la classe des milliards** ; chaque classe a donc trois chiffres.

Pour écrire un nombre qui contient des millions, des mille et des unités, on écrit séparément les chiffres de chaque classe en laissant un petit intervalle après chaque classe ; douze *millions* trois cent vingt-sept *mille* quatre cent trente-deux s'écrit : 12 327 432.

Si, dans une classe, il manque des unités de cette classe, on les remplace par des zéros ; ainsi, trois cent dix *millions* deux cent huit *mille* quarante-trois s'écrit : 310 208 043 (pas d'unités de millions, pas de dizaines de mille, pas de centaines d'unités).

Pour lire un nombre, on le partage en tranches de 3 chiffres en partant de la droite et on lit chaque tranche, comme si elle était seule, en faisant suivre le nombre (dans chaque tranche) du nom de la classe : 14 297 643 divisé en tranches de 3 chiffres à partir de la droite, se lira : 14 millions 297 mille 643 unités.

57e LEÇON.

LECTURE ET ÉCRITURE.

Lecture.

Dans une ville du Levant, il existait deux pauvres malheureux qui n'avaient plus de famille.

L'un d'eux était paralysé ; l'autre était aveugle ; tous deux étaient incapables de travailler.

Tout le long du jour, le paralytique, accroupi au coin de deux rues très fréquentées, criait sa misère et implorait les passants afin d'obtenir une aumône lui permettant de vivre.

L'aveugle longeait les murailles en tâtonnant, s'arrêtant à chaque porte pour demander la charité ; mais il était, à tout instant, bousculé et, quelquefois, renversé par des gens pressés, allant à leurs affaires.

Attiré, un jour, par les cris du paralytique, il s'approcha et écouta ses plaintes ; puis, s'asseyant, il lui raconta, à son tour, tous ses malheurs.

Après un moment de réflexion, il lui dit : « Chacun de nous a ses souffrances ; peut-être qu'en les unissant, nous serions moins malheureux. On vous piétine parce que vous êtes incapable de bouger ; on me bouscule parce que je n'y vois pas ; je vais vous porter sur mon dos et vous me guiderez dans la foule.

Ainsi, sans que jamais notre amitié décide qui, de nous deux, remplit le plus utile emploi, je marcherai pour vous, vous y verrez pour moi. »

(D'après Florian.)

Écriture.

Tracer au tableau et faire tracer sur les ardoises (hauteur d'un carré, puis, d'un demi-carré) :

Il faut s'entr'aider. C'est dans
le malheur que l'on connaît ses vrais amis

DICTÉE.

Les aveugles, les paralytiques et tous ceux qui sont incapables de travailler ne doivent pas être laissés dans la misère et être obligés de demander l'aumône.

On doit leur venir en aide dans leur malheur et leur donner ce qu'il faut pour vivre.

DESSIN. — NOTIONS ÉLÉMENTAIRES DE PERSPECTIVE LINÉAIRE.

Faire copier les dessins et les légendes ci-après :

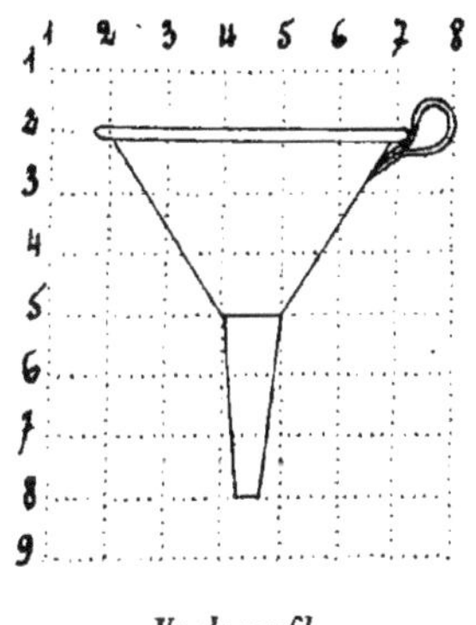

Vu de profil.

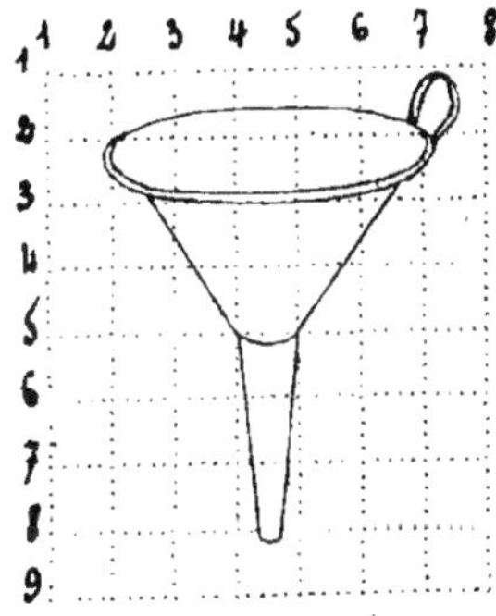

Vu en perspective.

un entonnoir

UN ENTONNOIR

CALCUL. — NOTIONS DE SYSTÈME MÉTRIQUE.

Quand on veut mesurer la longueur d'une planche, d'un banc, d'une table ; la hauteur d'une armoire, d'un mur, etc., on se sert **d'un mètre** (en montrer un).

Quand on veut mesurer une cour, un jardin, un champ, pour éviter de déplacer le mètre un grand nombre de fois, on se sert d'une chaîne (ou d'un ruban d'acier) qui a 10 mètres et que l'on appelle **un décamètre** (déca signifie dix).

Le long des routes, on voit de petites bornes qui sont espacées de 100 mètres ; cette distance de 100 mètres s'appelle **un hectomètre** (hecto signifie cent).

Le long des routes, après avoir compté neuf petites bornes, on en trouve une plus grosse et plus haute ; entre deux grosses bornes successives, il y a 1000 mètres ; cette distance de 1000 mètres s'appelle **un kilomètre** (kilo signifie 1000).

déca = 10 ; décamètre = 10^{m} = 1 dam. (en abrégé).

hecto = 100 ; hectomètre = 100^{m} = 1 hm. (en abrégé).

kilo = 1000 ; kilomètre = 1000^{m} = 1 km. (en abrégé).

Si l'on divise un mètre en 10 parties, chaque partie s'appelle **un décimètre** (déci signifie la dixième partie).

Si l'on divise un mètre en 100 parties, chaque partie s'appelle **un centimètre** (centi signifie la centième partie).

Si l'on divise un mètre en 1000 parties, chaque partie s'appelle **un millimètre** (milli signifie la millième partie).

déci = 10^{e} partie ; décimètre = 10^{e} partie du mètre = 1 dcm. (en abrégé).

centi = 100^{e} partie ; centimètre = 100^{e} partie du mètre = 1 cm. (en abrégé).

milli = 1000^{e} partie ; millimètre = 1000^{e} partie du mètre = 1 mm. (en abrégé).

58ᵉ LEÇON.

LECTURE ET ÉCRITURE.

Lecture.

Un homme avait une poule qui, chaque matin, lui pondait un œuf d'or.

Cet homme était très avare et il passait des heures à compter et recompter les œufs qu'il avait déjà. Chaque fois qu'il avait fini, il cachait son trésor en se disant : « Ma fortune n'augmente pas vite ! Il n'y a, chaque jour, qu'un seul œuf de plus ! »

Un jour, il pensa : « Ma poule doit, sûrement, avoir une mine d'or dans le ventre. Si je la tuais, j'en retirerais certainement un grand trésor et je serais tout de suite riche. »

Il alla à son poulailler, saisit la poule, l'égorgea, la pluma et l'éventra ; hélas ! il ne trouva que des entrailles, comme dans le corps de toutes les autres poules.

Il s'était ainsi, lui-même, privé, tout à la fois, du capital qu'était la poule et du revenu qu'était l'œuf d'or journalier.

(D'après La Fontaine.)

Écriture.

Tracer au tableau et faire tracer sur les ardoises (hauteur d'un carré, puis, d'un demi-carré) :

L'avare perd tout en voulant

trop gagner. Bien des gens sont devenus pauvres pour avoir voulu être trop vite riches.

DICTÉE.

L'avare compte et recompte sa fortune pour le seul plaisir de voir et de toucher son trésor; mais il se prive de tout et il vit comme un pauvre plutôt que de dépenser un peu de son capital.

Il ne se trouve jamais assez riche.

DESSIN. — NOTIONS ÉLÉMENTAIRES DE PERSPECTIVE LINÉAIRE.

Faire copier les dessins et les légendes ci-après :

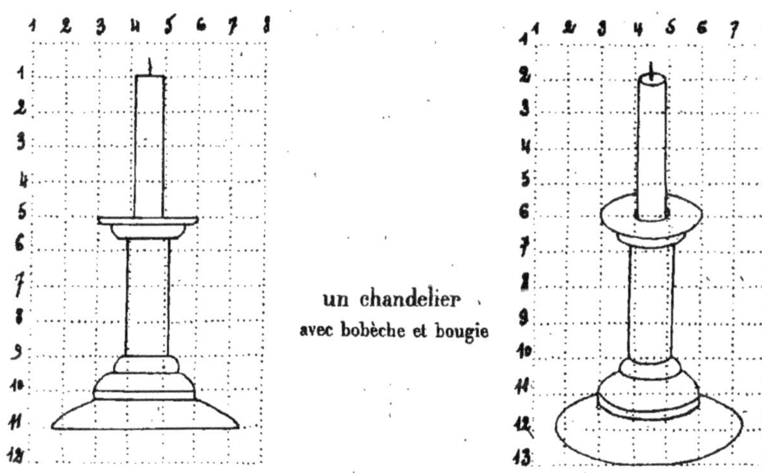

UN CHANDELIER
avec bobèche et bougie

(Vu de profil) *(Vu en perspective)*

CALCUL. — NOTIONS DE SYSTÈME MÉTRIQUE (suite).

Quand on veut mesurer des liquides ou des grains, on emploie une mesure appelée **litre.**

Quand on veut mesurer une certaine quantité de liquide ou de grains, pour diminuer le nombre des opérations, on emploie une mesure contenant 10 litres et appelée **1 décalitre** (déca signifie dix).

Quand on verse 10 décalitres d'eau dans un tonneau (ou 10 décalitres de grains dans un sac) on a versé cent litres d'eau (ou de grains), on a versé **un hectolitre,** (hecto signifie 100).

(Pour 1000 litres, on ne dit pas un kilolitre ; on dit 10 hectolitres.)

Déca = 10 ; décalitre = 10 litres = 1 dal. (en abrégé).

Hecto = 100 ; hectolitre = 100 litres = 1 hl. (en abrégé).

Si l'on divise un litre en 10 parties, chaque partie s'appelle **un décilitre.** (Déci signifie la dixième partie.)

Si l'on divise un litre en 100 parties, chaque partie s'appelle **un centilitre.** (Centi signifie la centième partie).

Déci = 10[e] partie ; décilitre = 10[e] partie du litre = 1 dcl. (en abrégé).

Centi = 100[e] partie ; centilitre = 100[e] partie du litre = 1 cl. (en abrégé).

Pour désigner la valeur (en monnaie) des divers objets, on emploie **le franc.**

Il n'y a pas de mot spécial pour indiquer une valeur de 10 francs, de 100 francs, de 1000 francs.

Mais pour désigner la 10e partie d'un franc, on dit : **un décime.**

Pour désigner la 100e partie d'un franc, on dit : **un centime.**

59e LEÇON.

LECTURE ET ÉCRITURE.

Lecture.

Deux compères, ayant grand besoin d'argent, proposèrent à leur voisin, un fourreur, de lui vendre une magnifique peau d'ours.

« C'est, disaient-ils, la plus belle fourrure que l'on ait jamais vue ! Elle est tellement grande qu'il vous sera possible d'en garnir au moins deux manteaux. »

Ils vantèrent si bien leur marchandise que le fourreur accepta leur offre, convint du prix et les invita à lui apporter cette peau si extraordinaire.

« Marché conclu, dirent-ils ; nous vous promettons de l'apporter dans deux jours, car nous n'avons pas encore tué la bête. »

Nos deux gaillards se mettent en chasse et voient l'ours qui vient vers eux au trot.

Le premier des chasseurs, abandonnant son fusil, grimpe rapidement en haut d'un arbre.

L'autre, glacé de peur à la vue de l'énorme animal, se laisse tomber sur le nez ; puis, se souvenant d'avoir entendu dire que l'ours ne s'acharne jamais sur un corps privé de vie, il retient sa respiration et fait le mort.

L'ours vient à lui, le tourne, le retourne, le flaire et s'éloigne en disant : « C'est un cadavre ! Allons-nous-en ! Il sent déjà sérieusement mauvais ! »

L'homme caché dans l'arbre en descend aussitôt et court à son compagnon. « Je suis heureux, lui dit-il, que tu en sois quitte pour la peur ! Mais, que t'a donc raconté ce stupide animal ? Il semblait te parler à l'oreille.

— Il m'a donné un bon conseil : il ne faut jamais vendre la peau de l'ours avant de l'avoir tué. »

(D'après La Fontaine.)

Écriture.

Tracer au tableau et faire tracer sur les ardoises (hauteur d'un carré, puis, d'un demi-carré) :

Ne vendez jamais la peau

de l'ours avant de l'avoir mis par terre.

DICTÉE.

Il n'est pas possible à celui qui se met en chasse de se vanter d'apporter la fourrure d'un animal.

Avant de promettre, il faut être sûr de pouvoir tenir sa promesse.

DESSIN. — Notions élémentaires de perspective linéaire.

Faire copier les dessins et les légendes ci-après :

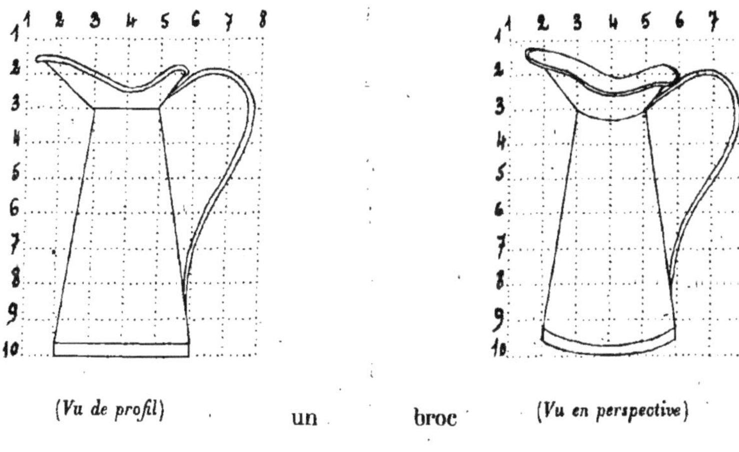

(Vu de profil) un broc *(Vu en perspective)*

UN BROC

CALCUL. — Notions de système métrique (suite).

Si l'on veut peser des objets qui n'ont pas un grand poids, on emploie une unité de poids qu'on appelle **le gramme** : gr. (en abrégé).

Le poids de 10 grammes s'appelle **le décagramme :** dagr. (en abrégé).
Le poids de 100 grammes s'appelle **l'hectogramme :** hg. (en abrégé).
Le poids de 1000 grammes s'appelle **le kilogramme :** kg. (en abrégé).

Les bijoutiers, les pharmaciens et tous les commerçants qui ont à peser des choses très légères, utilisent des poids très petits :

Le poids de un dixième de gramme s'appelle **le décigramme :** dcg. (en abrégé).
Celui de un centième de gramme s'appelle **le centigramme :** cg. (en abrégé).
Celui de un millième de gramme s'appelle **le milligramme :** mg. (en abrégé).

Dans la série de poids, on a suivi la règle 1, 2, 5 ; c'est-à-dire qu'il y a des poids de :

1 milligramme — 1 centigramme — 1 décigramme — 1 gramme — 1 décagramme
2 milligrammes — 2 centigrammes — 2 décigrammes — 2 grammes — 2 décagrammes
5 milligrammes — 5 centigrammes — 5 décigrammes — 5 grammes — 5 décagrammes

1 hectogramme — 1 kilogramme — 10 kilogrammes
2 hectogrammes — 2 kilogrammes — 20 kilogrammes
5 hectogrammes — 5 kilogrammes — 50 kilogrammes

Pour un poids de 100 kilos, on dit aussi **un quintal.**
Pour un poids de 1000 kilos, on dit aussi **une tonne.**

60ᵉ LEÇON.

LECTURE ET ÉCRITURE.

Lecture.

Depuis quelque temps, j'avais remarqué que la maison d'un bûcheron, que je connaissais bien, était toujours fermée.

Je demandai à un voisin : « Est-ce que le bûcheron a quitté le pays ?

— Oui, monsieur, il est parti depuis plus de deux mois. Il est devenu riche. Il a hérité d'un oncle mort en Amérique. Il a maintenant cinquante mille francs de rente et il est allé habiter en ville.

— Ah ! il est devenu riche ! Vous voulez dire, sans doute, qu'avec ses rentes, il est allé louer, en ville, un petit appartement d'où l'on ne voit ni le ciel, ni les arbres, ni la verdure des prairies !

« Il est devenu riche ! Cela veut dire qu'il n'a même pas pu garder son vieil ami, son chien, parce que cela gênait la concierge ou les autres locataires de sa maison !

« Il loge, comme un prisonnier, dans une espèce de caisse carrée, où il a des gens à droite, à gauche, dessus, dessous !

« Et c'est pour cela qu'il a abandonné sa petite maison, si bien située, sa belle forêt, ses tapis d'herbe verte, et le chant des oiseaux, et l'air pur, et la bonne odeur des chênes !

« Ah ! Il est devenu riche ! Le pauvre homme, je le plains bien ! »

(D'après Addison.)

Écriture.

Tracer au tableau et faire tracer sur les ardoises (hauteur d'un carré, puis, d'un demi-carré) :

Sous son aspect brillant la vie

bruyante et agitée des citadins ne vaut pas la calme et saine existence des campagnards

DICTÉE.

A la campagne, on respire l'air pur, on voit le soleil, les arbres, les vertes prairies ; on n'est pas prisonnier, comme en ville, dans une maison où l'on a des voisins, à sa droite, à sa gauche, au-dessus et au-dessous de soi.

N'abandonnez pas la campagne pour venir habiter la ville.

DESSIN. — NOTIONS ÉLÉMENTAIRES DE PERSPECTIVE LINÉAIRE.

Faire copier les dessins et les légendes ci-après :

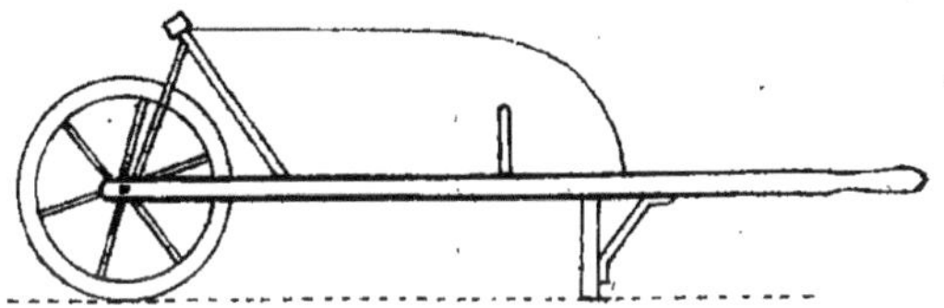

(Vue de profil)

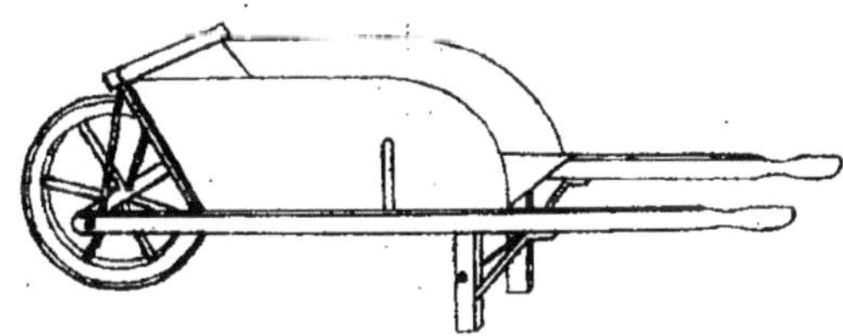

(Vue en perspective)

une brouette

UNE BROUETTE

CALCUL. — CORRÉLATION ENTRE LES UNITÉS DU SYSTÈME MÉTRIQUE.

1 litre d'eau pèse 1 kilogramme.

La pièce de 1 franc, *en argent*, pèse 5 grammes.

La pièce de 2 francs, *en argent*, pèse 10 grammes.

La pièce de 5 francs, *en argent*, pèse 25 grammes.

La pièce de 0 fr. 05, *en bronze*, pèse 5 grammes.

La pièce de 0 fr. 10, *en bronze*, pèse 10 grammes.

La pièce de 0 fr. 25, *en nickel*, pèse 7 grammes.

La pièce de 0 fr. 05, *en bronze*, a un diamètre de $0^{m}025$.

La pièce de 0 fr. 10, *en bronze*, a un diamètre de $0^{m}03$.

ANNEXE I.

NOTIONS DE PERSPECTIVE.

BUT. — Ces notions ont pour but de préparer les gradés (et élèves gradés) à l'exécution d'un croquis perspectif, en leur apprenant à **représenter les objets,** non pas d'après leur forme réelle, mais **comme ils les voient** dans la nature.

Elles ne devront être enseignées qu'à ceux qui sont capables de les comprendre et qui montrent des dispositions pour le dessin.

PRÉLIMINAIRES. — Jusqu'à présent, nous avons dessiné des objets placés *très près* de nous et nous avons remarqué qu'un objet nous *paraît* avoir une *forme différente* suivant que notre œil est placé au-dessus de lui, à la même hauteur que lui, ou au-dessous de lui.

Nous allons regarder *comment nous voyons* des objets plus éloignés.

Mais d'abord :

DÉFINITIONS. — A) Pour dessiner un objet rapproché, nous avons toujours supposé que notre ardoise, placée entre nous et l'objet à représenter (comme une vitre au travers de laquelle nous aurions regardé) était *verticale;* nous ferons la même supposition pour représenter des objets éloignés; *la ligne la plus basse du* **tableau**, que forme notre ardoise, s'appelle **la ligne de terre.**

B) Quand nous sommes en mer, si nous regardons autour de nous, notre vue est limitée par *une ligne* où la mer *paraît* se rejoindre avec le ciel. Il en est de même quand nous sommes au milieu d'une grande plaine; notre vue paraît limitée *par une ligne* où la terre *paraît* toucher le ciel.

Cette ligne s'appelle **l'horizon ;** elle est parallèle à la ligne de terre de notre tableau et toujours à la même hauteur que l'œil de celui qui regarde le paysage.

C) Quand nous faisons face à un point de l'horizon, la ligne qui va de notre œil à ce point est perpendiculaire à la ligne de nos épaules; elle est aussi perpendiculaire à la ligne de terre de notre tableau (placé *droit* devant chacun de nous); elle est, de même, perpendiculaire à la ligne d'horizon (parallèle à la ligne de terre).

Le *point de l'horizon*, auquel chacun de nous fait face, s'appelle **le point principal.**

Avant de dessiner, il faut toujours le placer sur le tableau; pour cela, mener, de l'œil (**point de vue**), la perpendiculaire à la ligne d'horizon.

Et maintenant, transportons-nous dans la campagne.

Remarques I. — Plaçons-nous sur un point un peu élevé[1] *en dehors et à gauche* d'une route rectiligne, longée à gauche par une ligne télégraphique, de façon que notre point principal soit un peu à droite du point où la route disparaît à l'horizon. (Voir figure 1.)

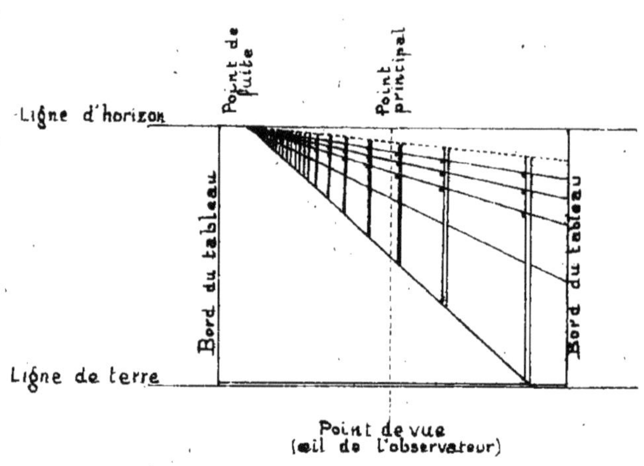

Fig. 1.

Restant face au point principal, regardons la route, puis les fils, puis les poteaux télégraphiques :

a) Nous savons que, dans la réalité, les deux bords de la route sont parallèles et, cependant, en s'éloignant de nous (en *fuyant* plus loin de nous), ils nous *paraissent* se rapprocher, jusqu'à se rejoindre à l'horizon.

b) Nous savons que, dans la réalité, les fils télégraphiques sont parallèles et, cependant, comme les bords de la route, ils nous *paraissent,* en s'éloignant de nous (en *fuyant*), se rapprocher jusqu'à se rejoindre à l'horizon; remarquons qu'ils paraissent se rejoindre au même point que les deux bords de la route.

c) Nous savons que, dans la réalité, les poteaux télégraphiques ont tous à peu près la même hauteur et la même grosseur; et, cependant, nous voyons qu'ils nous *paraissent* diminuer de hauteur et de grosseur à mesure qu'ils sont plus loin de nous; celui qui est à l'horizon nous *paraît* tout petit, presque un point.

Si, par la pensée, nous menons une ligne passant par la tête des poteaux, nous savons que, dans la réalité, elle est parallèle à celle passant par leur pied; et, cependant, ces deux lignes parallèles *paraissent* aller se rejoindre au même point de l'horizon que les bords de la route et les fils télégraphiques.

Les lignes qui, dans la réalité, paraissent *fuir* (s'éloigner de nous) sont appelées **lignes fuyantes.**

---

(1) Pour voir plus loin.

Un point où des lignes parallèles fuyantes paraissent aller se rejoindre, est appelé **point de fuite** de ces parallèles.

d) En regardant de nouveau, la rangée de poteaux télégraphiques, nous remarquons que :

1° L'intervalle entre deux poteaux, qui, dans la réalité, est le même sur toute la rangée, nous *paraît*, à mesure que les poteaux s'éloignent de nous, diminuer au point qu'ils semblent se toucher, se confondre à l'horizon ;

2° Les poteaux nous *paraissent* diminuer progressivement de hauteur ;

3° Ils nous *paraissent* rester verticaux.

Nous pouvons conclure des remarques précédentes :

En s'éloignant du point de vue :

Conclusion A. — Les horizontales fuyantes paraissent aller se rejoindre en un point de fuite placé sur la ligne d'horizon.

Conclusion B. — Les verticales de hauteur égale paraissent diminuer de hauteur.

Conclusion C. — Les verticales équidistantes paraissent se rapprocher les unes des autres.

Conclusion D. — Les verticales paraissent rester verticales.

Remarques II. — Plaçons-nous sur un point un peu élevé, *en dehors et à droite* de la route, de façon que notre point principal soit un peu à gauche du point où la route disparaît à l'horizon. (Voir figure 2.)

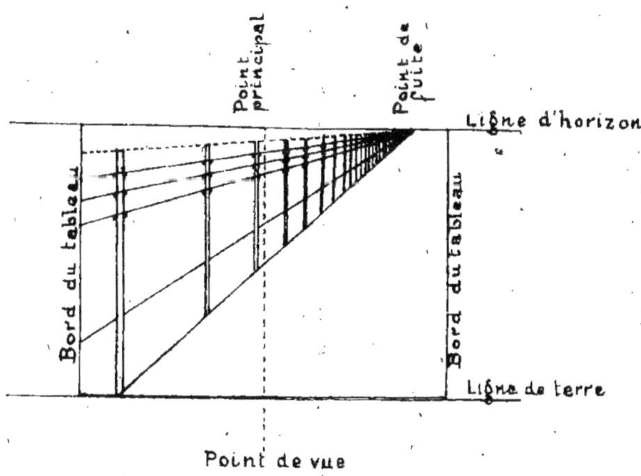

Fig. 2.

Restant face au point principal, regardons la route, puis les fils, puis les poteaux télégraphiques : nous faisons exactement les mêmes remarques que précédemment et nous en tirons exactement les mêmes conclusions.

Remarques III. — Plaçons-nous sur un point un peu élevé, au milieu de la route, et faisons face au point où la route disparaît à l'horizon. (Voir figure 3.)

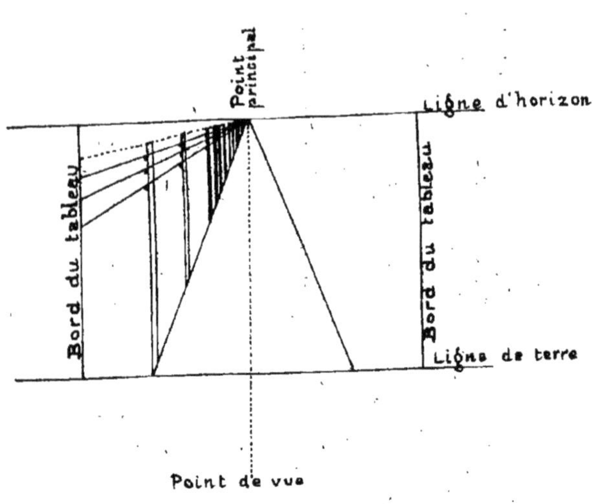

Fig. 3.

Notre point principal est donc le point où la route disparaît à l'horizon.

Nous faisons, d'abord, les mêmes remarques que dans nos deux positions précédentes, mais nous en faisons une nouvelle.

Dans la position que nous occupons, le point de fuite des horizontales fuyantes se confond avec le point principal du tableau.

Raisonnons un peu pour voir quelle conclusion nous pouvons tirer de cette remarque :

Considérons, d'abord, le bord droit de la route : dans la réalité, il est parallèle à la ligne allant du point de vue au point principal ; il est donc, dans la réalité, perpendiculaire à la ligne d'horizon et à la ligne de terre ; il est *perpendiculaire* à la ligne de nos épaules et *au plan du tableau*.

Nous pouvons en dire autant du bord gauche de la route.

Or, regardons de nouveau le paysage ; ces deux lignes paraissent aller se rejoindre au point principal.

Nous pouvons faire le même raisonnement en considérant les fils télégraphiques.

Nous en tirons la conclusion suivante :

En s'éloignant du point de vue :

Conclusion E. — Les horizontales perpendiculaires (dans la réalité) au plan du tableau, ont leur point de fuite au point principal.

Remarques IV. — Plaçons-nous *en dehors et à gauche* d'une voie ferrée[1] de façon que notre point principal soit à droite du point de fuite des deux rails (parallèles). (Voir figure 4.)

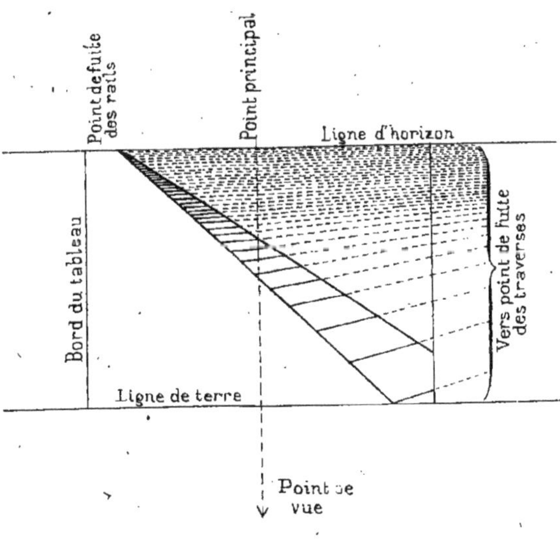

Fig. 4.

Nous savons que, dans la réalité :

1° Les traverses sont posées à peu près à égale distance;

2° Elles sont d'égale longueur entre les rails.

3° Elles sont perpendiculaires aux rails.

Regardons la voie (oblique par rapport à la ligne de nos épaules) :

En s'éloignant de nous :

1° Les traverses paraissent se rapprocher l'une de l'autre jusqu'à se confondre à l'horizon;

2° Elles paraissent diminuer de longueur;

3° Elles sont fuyantes pour nous et elles paraissent obliques par rapport aux rails; nous voyons nettement qu'elles ne paraissent plus parallèles entre elles; si, par la pensée, nous les prolongeons à droite, nous voyons que ces lignes paraissent aller se rejoindre en un point de fuite sur la ligne d'horizon.

Remarques V. — En nous plaçant *en dehors et à droite* de la voie ferrée, nous ferions exactement les mêmes remarques que précédemment, à cette seule différence près que le point de fuite des traverses serait à gauche du point principal.

---

(1) Ou bien, sur le terrain de manœuvres, traçons les bords d'une petite piste rectiligne de 1m50 à 2 mètres de large, puis, à la pioche, traçons des traits équidistants, perpendiculaires à l'axe de la piste.

Nous pouvons tirer des remarques IV et V les conclusions *nouvelles* suivantes :

En s'éloignant du point de vue :

Conclusion F. — Les horizontales équidistantes fuyantes paraissent se rapprocher l'une de l'autre.

Conclusion G. — Les horizontales d'égale longueur fuyantes paraissent diminuer de longueur.

Remarques VI. — Plaçons-nous *au milieu* de la voie ferrée et prenons, comme point principal, le point de fuite des deux rails. (Voir figure 5.)

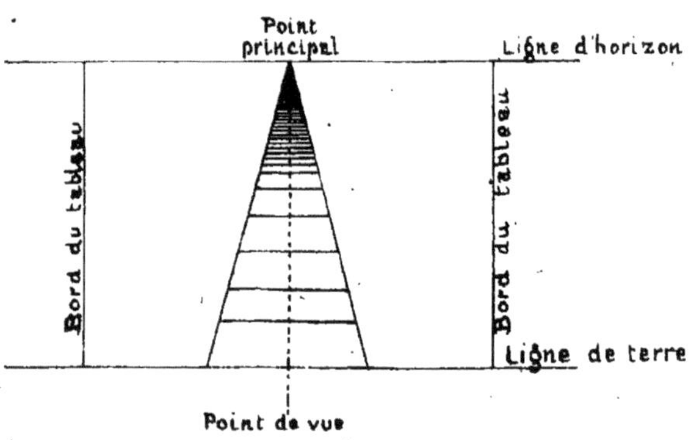

Fig. 5.

Nous voyons, comme précédemment, que, en s'éloignant du point de vue, les traverses paraissent se rapprocher l'une de l'autre et diminuer de longueur ; mais, nous remarquons, en outre, qu'elles paraissent toutes *rester perpendiculaires* à la ligne allant du point de vue au point principal, donc *rester parallèles* à la ligne de terre et à la ligne d'horizon.

Nous pouvons en tirer les conclusions *nouvelles* suivantes :

En s'éloignant du point de vue :

Conclusion H. — Les horizontales équidistantes parallèles à la ligne de terre paraissent se rapprocher.

Conclusion I. — Les horizontales d'égale longueur parallèles à la ligne de terre paraissent diminuer de longueur.

Conclusion J. — Les horizontales parallèles à la ligne de terre paraissent rester horizontales.

Sur le côté droit d'une route[1], plantons, *verticalement*, en deux points, B et E, assez éloignés l'un de l'autre, deux poteaux A B et D E d'égale longueur (Voir figure 6).

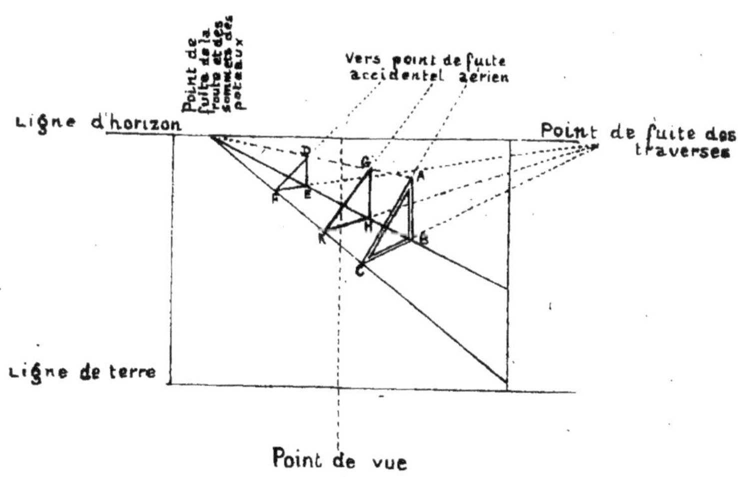

Fig. 6.

Au pied de chacun des poteaux, en B et E, fixons deux traverses, B C et E F, de façon qu'elles soient exactement perpendiculaires à l'axe de la route, donc à ses deux bords.

Joignons enfin par des perches rigides les points A et C, puis D et F; nous aurons ainsi établi deux grands triangles A B C et D E F dont les trois côtés sont parallèles deux à deux.

Remarques VII. — Plaçons-nous *en dehors et à gauche* de la route, de façon que notre point principal soit un peu à droite du point de fuite des bords de la route.

Les poteaux A B et D E nous paraissent rester verticaux (conclusion D); les traverses paraissent aller se rejoindre en un point de fuite sur la ligne d'horizon (conclusion A).

Prolongeons, par la pensée, les lignes C A et F D, que nous savons être parallèles, elles nous paraissent aller se rejoindre *en un point dans l'espace*.

Construisons, en un point H du bord droit de la route, un troisième triangle G H K, semblable aux deux premiers et placé comme eux par rapport à la route : nous voyons que la ligne K G, qui est parallèle, dans la réalité, aux lignes C A et F D, paraît aller rejoindre celles-ci au point de l'espace que nous avons déjà repéré.

(1) A réaliser de préférence au terrain de manœuvres, sur une piste rectiligne de 1m50 à 2m de large.

Nous pouvons répéter l'expérience en transportant notre triangle GHK en un endroit quelconque de la route, donc, toutes les *parallèles* (comme CA, FD, KG) qui, dans la réalité, sont *obliques par rapport au plan du tableau* paraissent aller se rejoindre en un point de fuite dans l'espace; un point de fuite ainsi placé s'appelle : **point de fuite accidentel aérien.**

Remarques VIII. — Plaçons-nous *en dehors et à gauche* de la route, de façon que les bords de la route soient parallèles à la ligne de terre et à la ligne d'horizon. (Voir figure 7.)

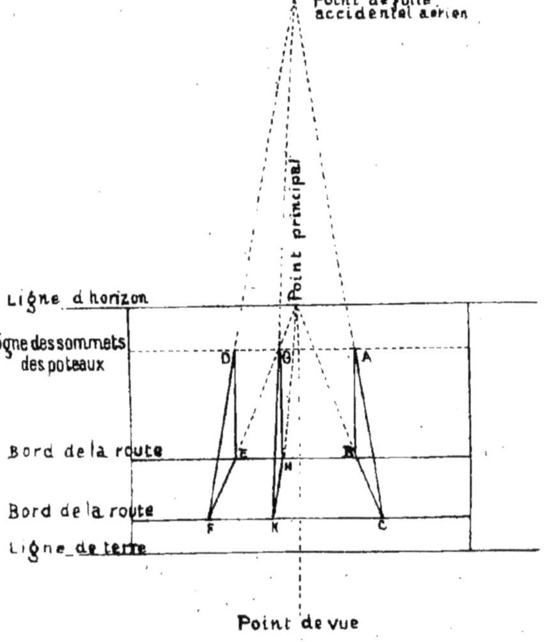

Fig. 7.

Les poteaux paraissent rester verticaux ; la ligne de leurs sommets paraît rester parallèle à la ligne de terre.

Les traverses perpendiculaires, dans la réalité, au plan du tableau paraissent se rejoindre au point principal (conclusion E).

Les trois lignes CA, FD et KG, obliques par rapport au plan du tableau, paraissent aller se réunir en un point de fuite accidentel aérien.

Nous pouvons tirer des remarques VII et VIII, la conclusion *nouvelle* suivante :

En s'éloignant du point de vue :

Conclusion K. — Les parallèles obliques par rapport au plan du tableau (c'est-à-dire ni parallèles, ni perpendiculaires à ce plan) et dont la partie inférieure est *plus près* de la ligne de terre que la partie supérieure paraissent aller se rejoindre en un *point de fuite accidentel aérien.*

Remarques IX. — Plaçons-nous, en *dehors et à droite* de la route, de façon que notre point principal soit à gauche du point de fuite des bords de la route et de la ligne de sommet des poteaux. (Voir figure 8.)

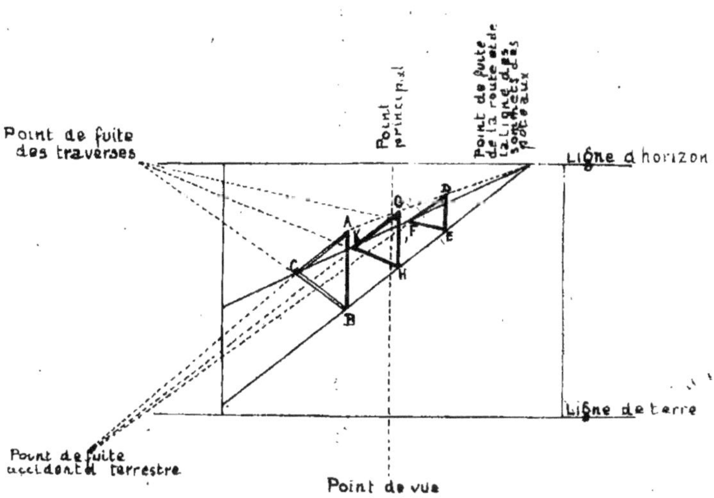

Fig. 8.

Pour les poteaux et les traverses, nous faisons les mêmes remarques que ci-dessus.

Mais les parallèles AC, DF, GK, obliques par rapport au plan du tableau, paraissent aller se rejoindre en un point de fuite placé au-dessous de la ligne de terre ; un point de fuite ainsi placé s'appelle un **point de fuite accidentel terrestre**.

Remarques X. — En nous plaçant *en dehors et à droite* de la route, de façon que ses bords soient parallèles à la ligne de terre et à la ligne d'horizon (figure inverse de la figure 7), nous faisons exactement la même remarque que ci-dessus.

Nous pouvons tirer, des remarques IX et X, la conclusion *nouvelle* suivante :

Conclusion L. — Les parallèles obliques par rapport au plan du tableau (c'est-à-dire ni parallèles, ni perpendiculaires à ce plan) et dont la partie inférieure est *plus loin* de la ligne de terre que la partie supérieure, paraissent aller se rejoindre au *point de fuite accidentel terrestre*.

Remarques XI. — Plaçons-nous *au milieu* de la route, de façon que le point de fuite des bords de la route et de la ligne des sommets des poteaux coïncide avec notre point principal.

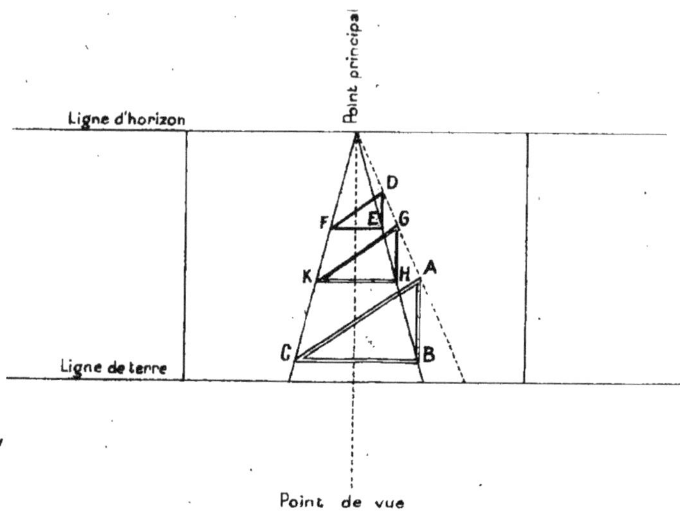

Fig. 9.

Les poteaux paraissent aller en diminuant et rester verticaux ; **les traverses** paraissent aller en diminuant et rester parallèles.

Les obliques d'égale longueur A C, D F, G K, paraissent rester **parallèles** et aller en diminuant ; or, ceci est vrai même si nous attachons les perches C A, D F, K G en des points A', D', G', plus bas (ou plus haut) que A, D, G, **mais** tous trois à la même hauteur au-dessus de B, E, H.

Raisonnons un peu sur cette dernière remarque :

Les triangles A B C, D E F, G H K forment chacun un plan qui est vertical et *parallèle au plan du tableau* (1) (placé *droit* devant chacun de nous).

Un plan vertical parallèle au plan de notre tableau est parallèle à notre front ; on l'appelle un **plan de front.** (Notre tableau et les trois triangles A B C, G H K, D E F, forment chacun un plan de front.)

Toutes les lignes contenues dans un plan de front sont appelés des **lignes de front.**

(Les trois verticales A B, G H, D E sont des lignes de front parallèles et d'égale longueur ; de même, les trois horizontales B C, H K, E F ; de même les trois obliques A C, G K, D F.)

Nous tirons, des remarques XI, la conclusion suivante (qui s'applique à toutes les horizontales parallèles à la ligne de terre et à toutes les verticales et qui, par conséquent, *renferme les conclusions* B, C, D, H, I, J).

En s'éloignant du point de vue :

Conclusion M. — Les lignes de front qui, dans la réalité, sont parallèles

(1) Il suffit, pour bien le montrer, de tendre du papier sur les triangles (comme sur des cibles).

et d'égale longueur, paraissent diminuer de longueur, mais rester parallèles entre elles ; si, dans la réalité, elles sont équidistantes, elles paraissent se rapprocher de plus en plus.

Nota. — Dans l'étude que nous venons de faire des *lignes de la nature*, nous n'avons trouvé que :

1° des lignes de front : verticales, ou horizontales, ou obliques dans un plan de front ;

2° des lignes fuyantes.

Parmi ces lignes fuyantes, nous avons trouvé :

1° des obliques par rapport au plan du tableau ;
2° des horizontales.

Parmi les horizontales fuyantes, nous en avons trouvé certaines d'un genre particulier : celles qui, dans la réalité, sont perpendiculaires au plan du tableau ; on les appelle des **lignes de bout**.

Reprenons maintenant nos conclusions antérieures (moins B, C, D, H, I, J, comprises dans la conclusion M) :

En s'éloignant du point de vue :

A) Les horizontales fuyantes paraissent aller se rejoindre en un point de fuite placé sur la ligne d'horizon.

E) Les lignes de bout (horizontales perpendiculaires au plan du tableau) ont leur point de fuite au point principal du tableau.

F) Les horizontales équidistantes fuyantes paraissent se rapprocher l'une de l'autre.

G) Les horizontales d'égale longueur fuyantes paraissent diminuer de longueur.

K) Les parallèles obliques par rapport au plan du tableau (c'est-à-dire ni parallèles, ni perpendiculaires à ce plan) et dont la partie inférieure est plus près de la ligne de terre que la partie supérieure, paraissent aller se rejoindre en un point de fuite accidentel aérien.

L) Les parallèles obliques par rapport au plan du tableau, dont la partie inférieure est plus loin de la ligne de terre que la partie supérieure, paraissent aller se rejoindre en un point de fuite accidentel terrestre.

M) Les lignes de front parallèles et d'égale longueur paraissent diminuer de longueur mais rester parallèles entre elles ; si elles sont équidistantes, elles paraissent se rapprocher de plus en plus.

Ces conclusions de toutes nos remarques sont observées dans tous les dessins en perspective linéaire que nous voyons.

Nous devons les observer rigoureusement nous-mêmes quand nous voulons dessiner ; elles sont résumées dans les *principes* suivants que nous devons savoir *appliquer automatiquement* pour dessiner en perspective.

1er Principe. — Toutes les parallèles fuyantes, dans la nature, doivent, dans le dessin, converger en un point de fuite.

2e Principe. — Toutes les horizontales parallèles fuyantes, dans la nature, doivent, dans le dessin, avoir leur point de fuite sur la ligne d'horizon.

3e Principe. — Toutes les lignes de bout, dans la nature, doivent, dans le dessin, avoir leur pointe de fuite au point principal.

4e Principe. — Toutes les lignes de front, dans la nature, doivent, dans le dessin, rester parallèles entre elles ; si elles sont d'égale longueur, dans la nature, elles doivent, dans le dessin, diminuer en s'éloignant du point de vue ; si elles sont équidistantes, dans la nature, elles doivent, dans le dessin, se rapprocher de plus en plus en s'éloignant du point de vue.

5e Principe. — Toutes les parallèles obliques par rapport au plan du tableau, dans la nature, doivent, dans le dessin, se rejoindre en un point de fuite accidentel ; si la partie inférieure de ces obliques est plus près de la ligne de terre que la partie supérieure, ce point de fuite accidentel doit être aérien ; si la partie inférieure de ces obliques est plus loin de la ligne de terre que la partie supérieure, ce point de fuite doit être terrestre.

Dans le dessin ci-contre, les cinq principes de la perspective linéaire ont tous été appliqués.

Perspective aérienne. — Ce dessin, presque géométrique, de démonstration prendrait immédiatement du relief si on lui appliquait le principe fondamental de la perspective aérienne :

Les traits du dessin doivent être de moins en moins épais, à mesure qu'ils sont plus loin de la ligne de terre.

Remarque importante. — D'après ce que nous avons dit au début de cette étude, il semblerait qu'il y ait deux méthodes de dessin perspectif : l'une pour les objets rapprochés, l'autre pour les objets éloignés.

Il n'en est rien ; on doit toujours appliquer les principes de la perspective.

Le dessin sur quadrillage n'est qu'un artifice pédagogique ; il a été employé, avec les débutants, pour les *exercer à voir* la déformation des objets par la perspective linéaire ; les objets à dessiner étant très rapprochés, les points de fuite étaient très éloignés et les élèves n'ont pas remarqué la convergence, en perspective, de certaines lignes, parallèles dans la nature.

Ligne d'horizon
Lignes de front
Ligne de front
Ligne de front
Ligne de terre
Point de fuite
Lignes fuyantes parallèles horizontales
Ligne de front
Ligne de front
Ligne fuyante oblique
vers point de fuite accidentel aérien
Ligne fuyante oblique
Point principal
Oblique dans un plan de front
Oblique dans un plan de front
DÉMÉNAGEMENTS
Ligne de bout
Ligne de bout
Ligne de bout
Ligne de bout
Point de fuite accidentel terrestre
Lignes fuyantes parallèles horizontales
Point de fuite

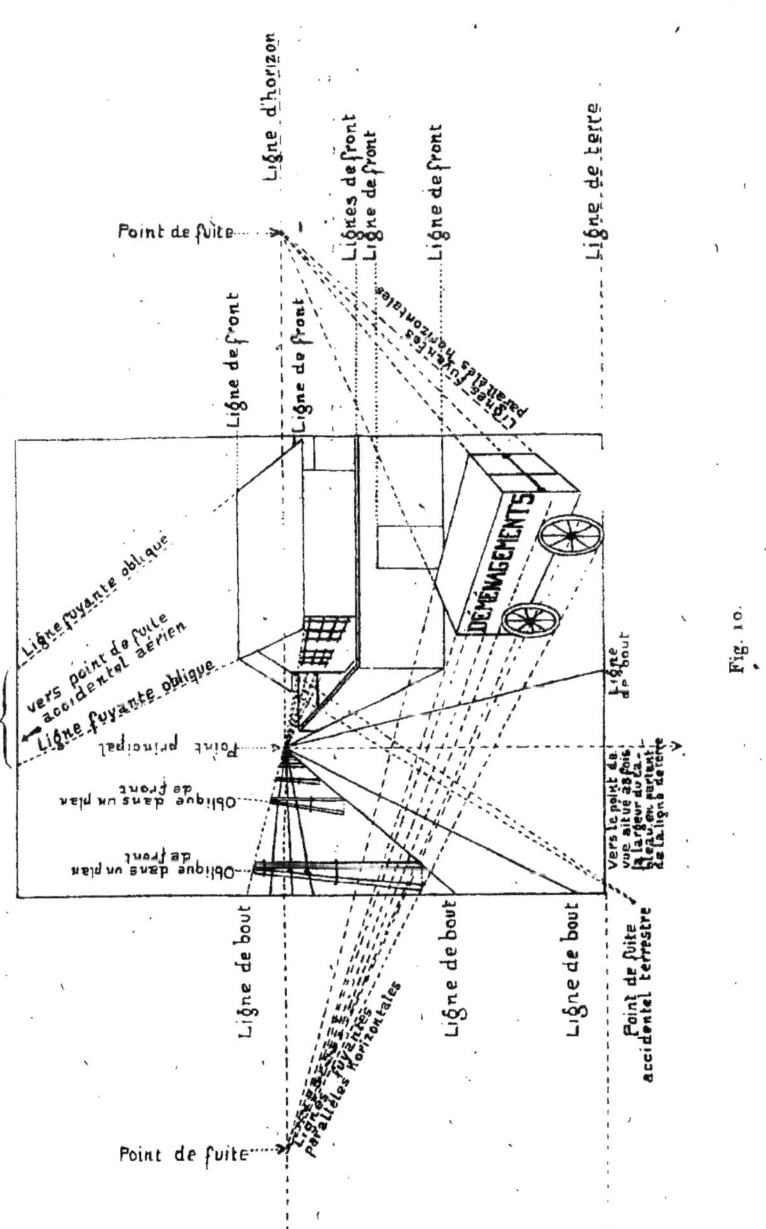

Fig. 10.

DIRECTIVES POUR L'EXÉCUTION D'UN DESSIN EN PERSPECTIVE.

I, Détermination de la ligne de terre. — La ligne de terre du tableau est le bord inférieur du tableau (ardoise, feuille de papier, etc.) ou une ligne tracée d'avance sur celui-ci, parallèlement à l'un des bords.

1° Je cherche d'abord, d'après les dimensions de l'objet (ou du paysage) à dessiner, si le tableau doit avoir, comme ligne de terre, son grand ou son petit côté. Je tiens le tableau verticalement devant moi, à bout de bras, et j'apprécie (à l'œil) si le dessin à exécuter sera plus long que large, ou inversement. Je dispose le tableau en conséquence.

2° Je détermine l'emplacement, *dans la nature*, de la ligne de terre correspondant à celle du tableau. (Voir figure 11.)

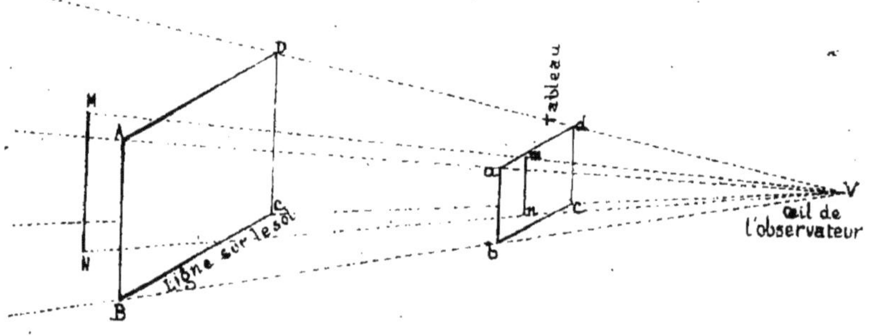

Fig. 11.

Mon œil est en V; mon tableau, vertical, tenu à bout de bras, est en *a b c d*. Je veux, par exemple, que l'objet M N (de la nature) ait, dans le dessin, son pied un peu au-dessus de la ligne de terre et sa tête un peu au-dessous de la partie supérieure du tableau.

Faisant face à l'objet (ou au paysage) et tenant mon tableau, vertical, à bout de bras, je fais coïncider la plus grande hauteur de l'objet M N avec un des bords verticaux de mon tableau; puis, j'avance ou je recule (de toute ma personne) pour que l'objet (de la nature) me paraisse placé, en hauteur, sur mon tableau, comme je le désire.

Je repère, alors, sur le sol, des points (cailloux, touffes d'herbe, etc.) jalonnant la ligne B C, correspondant à la ligne *b c* du tableau.

Si je veux dessiner un objet posé sur une table, par exemple, je prends l'arête horizontale de cette table comme ligne de terre (dans la nature).

Si je veux dessiner tout un paysage, je fixe, dans la nature, les points jalonnant les verticales D C et B A limitant, à droite et à gauche, le paysage à dessiner ; j'avance ou je recule pour faire correspondre ces verticales avec les côtés de mon tableau, tenu vertical à bout de bras ; puis je repère, sur le sol, les extrémités de la ligne B C.

Le paysage à dessiner me paraît ainsi encadré par des lignes que je saurai retrouver, à tout instant, dans la nature [1].

Généralement, l'observateur se place à une distance de la ligne de terre B C égale à trois fois la longueur de cette ligne.

II. Détermination de la ligne d'horizon. — La ligne d'horizon est la hauteur de mon œil au-dessus du sol ; elle est facile à déterminer dans une plaine dénudée ; mais si j'ai à dessiner soit l'intérieur d'une chambre, soit un paysage dont le fond ou bien est chargé d'arbres, de maisons, etc., ou bien plus élevé que moi, je ne vois pas ma ligne d'horizon.

Pour la situer dans la nature, je fais face à mon paysage en tenant ma tête bien droite.

Prenant à deux mains mon tableau (ou une feuille de carton quelconque), j'appuie un grand côté à la naissance de mon nez, entre les deux yeux, et, rabattant mon tableau, je le fais tourner lentement jusqu'à ce que sa surface me paraisse n'être plus qu'une ligne ; je repère alors, dans la nature, des points qui jalonnent cette ligne E F. (Voir figure 12.)

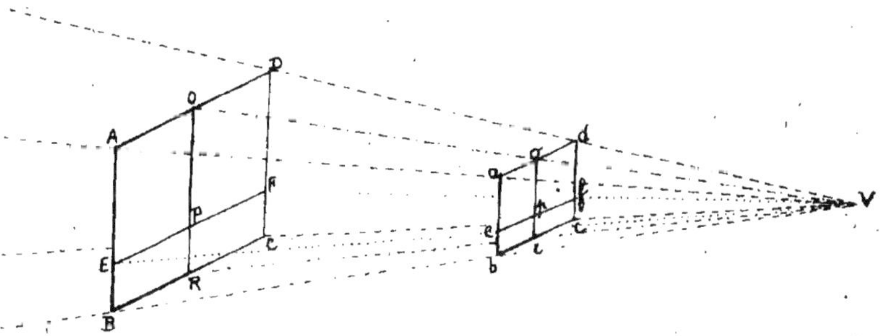

Fig. 12.

Tenant, ensuite, mon tableau à bout de bras, j'aligne *b c* sur B C et je repère le point où la ligne V E rencontre, en *e*, le côté gauche de mon tableau. J'opère de même pour trouver le point *f* sur le côté droit du tableau.

Je trace *e f* ; pour que mon opération soit exacte, il faut que *e f* soit parallèle à *b c*.

Nota. — Si je suis dans une chambre, je repère la hauteur de mon œil au-dessus du sol ; je reporte cette hauteur, B E = C F, aux deux extrémités du mur, en face de moi ; revenu à ma place et tenant mon tableau vertical devant moi, à bout de bras, B C coïncidant avec *b c*, je repère les points *e* et *f* que je joins.

(1) C'est ce cadre fictif A B C D, entourant le paysage à dessiner, que les peintres appellent le tableau.

III. Détermination du point principal. — Le point principal est le point d'arrivée de la perpendiculaire menée de mon œil à la ligne d'horizon.

Tenant mon tableau (ou une feuille de carton) par un grand côté, j'appuie un petit côté sur le milieu de mon front et sur le milieu du bout de mon nez ; puis, je fais tourner lentement le tableau, jusqu'à ce que sa surface me paraisse n'être plus qu'une ligne ; je repère, dans la nature, les points P et R où cette ligne coupe les lignes E F et B C (que je sais repérer dans la nature).

Tenant mon tableau vertical à bout de bras, de façon que *b c* coïncide avec B C, je repère le point *r* (de mon tableau) correspondant à R (de la nature) ; je mène la perpendiculaire *r p o* à la ligne d'horizon.

Le point O que je puis repérer, dans la nature, sur le prolongement R P doit coïncider avec le point *o* de mon tableau.

Avec un peu d'entraînement, ces opérations ne m'ont demandé que deux ou trois minutes et je suis prêt à dessiner.

IV. Exécution du dessin. — Je cherche d'abord, dans la nature, les principales lignes de bout (horizontales perpendiculaires, dans la nature, au plan du tableau ; je sais que, dans le dessin, elles passent toutes par le point principal).

Je les trace d'un trait de crayon *très léger* (en repérant le point où, partant de *p*, elles arrivent sur le bord droit, ou gauche, ou inférieur de mon tableau) ; pour ne pas les confondre, je les marque d'une lettre : par exemple (voir dessin figure 10), je marquerais *s* (ligne des sommets des poteaux), *l* (ligne des pieds des poteaux), T^1, T^2, T^3 (fils télégraphiques), G (bord gauche de la route), D (bord droit de la route), etc. ; ces lettres seront marquées *très légèrement* (comme les lignes de bout) pour pouvoir être effacées plus tard.

En traçant mes lignes de bout, j'ai limité, d'avance, la longueur de mes principales lignes de front (verticales, horizontales, obliques dans un plan du front) ; je trace ces lignes de front (poteaux télégraphiques, murs de clôture, murs de maison, etc.) ; pour cela, je repère leur position sur mon tableau : tenant mon crayon vertical (ou horizontal) à bout de bras et fermant un œil, je fais coïncider mon crayon avec la ligne (de la nature) à tracer ; j'apprécie à quel point, de la nature, la ligne que j'envisage coupe les lignes de front qui l'intéressent (au quart, au tiers, à la moitié, etc., en partant de *p*) ; je tiens compte de cette appréciation de longueur pour la reporter sur mon tableau.

Je cherche ensuite, un à un, les points de fuite des horizontales fuyantes (crayon à bout de bras le long de ces lignes, de la nature, pour repérer chaque point de fuite).

Si les points de fuite sont dans le cadre A B C D, ils seront sur le tableau ; je les marque (légèrement) et je trace (légèrement) les horizontales fuyantes par chacun d'eux ; leurs intersections me donnent des verticales (voir caisse de la voiture figure 10), je trace celles-ci.

Si les points de fuite sont en dehors du tableau, je repère les points où chacune de ces horizontales fuyantes coupe le bord droit (ou gauche) et le bord inférieur du tableau ; je joins ces deux points ; je suis dans le cas précédent.

Je cherche de même les points de fuite accidentels aériens et terrestres des lignes obliques par rapport au plan du tableau et je trace (légèrement) ce lignes.

Dès à présent, j'ai, en lignes très légères, toute la carcasse, l'ossature de mon dessin.

Je repasse en traits fermes toutes les parties des lignes de bout, des lignes de front, des horizontales fuyantes et des obliques qui doivent subsister dans le dessin définitif; j'efface (avec une gomme taillée en biseau) toutes les parties inutiles des lignes de construction.

Si je veux « donner du relief » au dessin, j'applique le principe de la perspective aérienne (dégradation des teintes) : en repassant mes lignes, j'ai soin de les faire de moins en moins épaisses à mesure de leur éloignement du point de vue (dans la nature).

Pour que mon travail soit terminé, je n'ai plus qu'à ajouter les détails; toutes les lignes déjà tracées me permettent de les placer, sans difficulté, en appréciant les dimensions à leur donner par comparaison avec la longueur des verticales et des horizontales voisines déjà tracées.

APPLICATIONS.

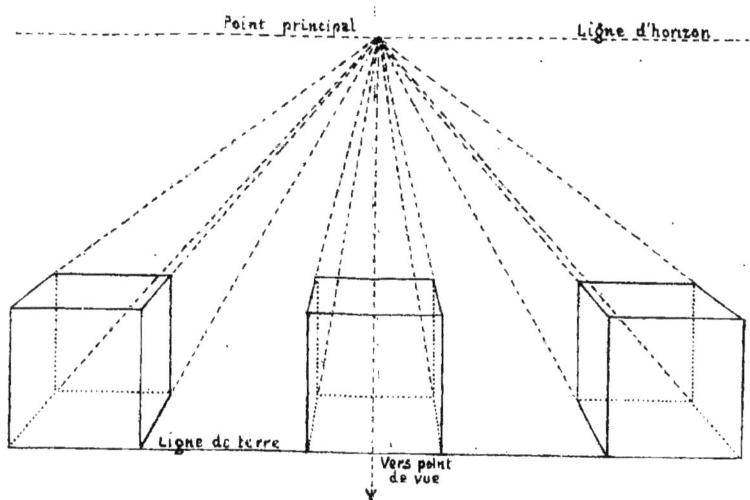

Fig. 13. — Bloc de pierre cubique.

1° Placé en avant et à gauche de l'observateur. 2° Placé droit devant l'observateur. 3° Placé en avant et à droite de l'observateur.

La face antérieure et la face postérieure du bloc cubique, étant parallèles au plan du tableau, sont des plans de front.

a) Les arêtes horizontales parallèles et fuyantes sont des droites de bout; elles vont concourir au point principal et diminuent de longueur en s'éloignant de nous.

b) Les arêtes verticales restent parallèles entre elles et diminuent de longueur en s'éloignant de nous.

c) Les arêtes horizontales parallèles au plan du tableau restent parallèles entre elles et diminuent de longueur en s'éloignant de nous.

Remarquer que la face supérieure du bloc paraît de dimensions plus petites que celles de la face inférieure.

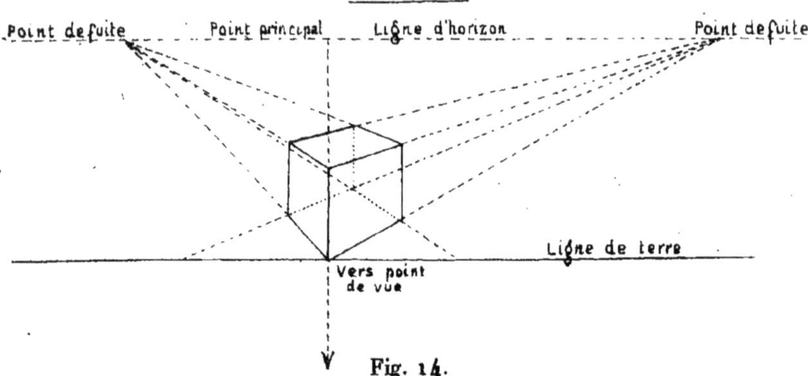

Fig. 14.

Bloc de pierre cubique placé d'une façon quelconque.

Aucune des faces n'est parallèle au plan du tableau ; seules, les quatre arêtes verticales sont des lignes de front.

a) Les arêtes verticales restent parallèles entre elles et diminuent de longueur en s'éloignant de nous ;

b) Les arêtes horizontales parallèles fuyantes vont concourir en deux points de fuite, l'un à droite, l'autre à gauche et diminuent de longueur en s'éloignant de nous.

Remarquer que la face supérieure du bloc paraît de dimensions plus petites que celles de la face inférieure.

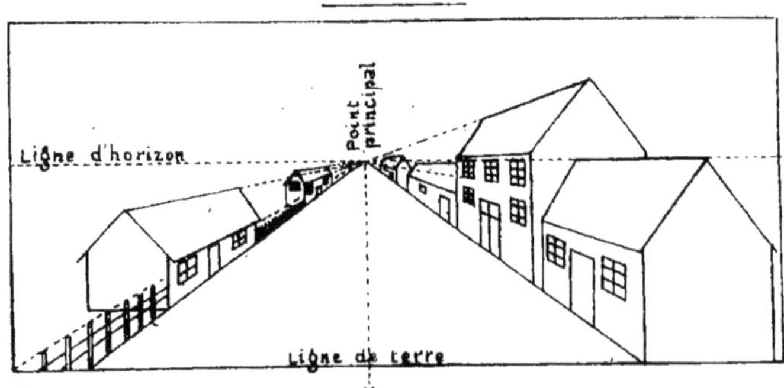

Le point de vue est à environ 3 fois la largeur du tableau dans la nature depuis la ligne de terre.

Fig. 15.

Rue d'un village.

Le dessinateur est dans l'axe de la route et fait face au point principal.

Il est sur un point de la route assez élevé puisque la hauteur de son œil (hauteur de la ligne d'horizon au-dessus de la ligne de terre) est égale à la hauteur du toit de la première maison à droite.

a) Toutes les lignes de bout vont concourir au point de fuite principal (même si elles sont au-dessus de la ligne d'horizon).

b) Toutes les lignes verticales sont parallèles entre elles et diminuent de longueur en s'éloignant du dessinateur.

ANNEXE II.

EXEMPLES DE PROBLÈMES SUR LES QUATRE OPÉRATIONS.

— Pour remplir un réservoir, 3 hommes y ont porté de l'eau avec des seaux contenant 18 litres chacun; le premier a porté 6 seaux, le second 5 seaux, le troisième 4 seaux. Combien contient le réservoir?

— Le capitaine a payé le prêt à la compagnie: 92 tirailleurs de deuxième classe ont touché 18 francs; 9 rengagés ont touché 22 francs; 18 tirailleurs de première classe ont touché 25 francs. Combien le capitaine a-t-il donné en tout?

— Combien le caporal d'ordinaire doit-il toucher de riz pour nourrir la compagnie aujourd'hui, sachant, que, pour le menu du jour, il lui faut, pour chaque repas, 145 rations à 160 grammes?

— Mon camarade, engagé le 1er mai 1926, a 1 an, 7 mois et 10 jours de service. Combien a-t-il de jours de service?

— J'ai 1 billet de 50 francs, 3 billets de 10 francs, 2 billets de 5 francs et 3 francs de monnaie. Je veux acheter une petite valise à 29 francs, 3 mouchoirs à 2 francs, 1 porte-monnaie de 12 francs. Combien doit-il me rester quand j'aurai tout payé?

— Je fais 8 francs d'économie sur chaque prêt (touché deux fois par mois). Combien me faudra-t-il de temps pour économiser 250 francs?

— Si j'avais 20 francs de plus que ce que j'ai, je pourrais m'acheter 6 mouchoirs à 3 francs et 6 paires de chaussettes à 8 francs. Combien ai je dans ma poche?

— Je veux faire balayer la cour du quartier qui a 2700 mètres carrés. Combien dois-je employer d'hommes pour que le travail soit fini en 18 minutes, sachant que chaque homme peut balayer 5 mètres carrés par minute?

— Un homme qui marche à la vitesse de 6 kilomètres à l'heure se repose 10 minutes après 50 minutes de marche. Combien mettra-t-il de temps à faire 30 kilomètres?

— Une corvée de 12 hommes a été chargée de remplir un réservoir d'eau; chaque homme portait 2 seaux de 10 litres; il mettait 1 minute pour aller à vide à la fontaine; il lui fallait 2 minutes pour remplir ses deux seaux et 2 minutes pour les porter au réservoir et les y vider. La corvée a duré 35 minutes. Quelle est la capacité du réservoir?

— Un train partant de Paris à midi arrive à Marseille le lendemain à 5 heures, après avoir eu 3 arrêts de 12 minutes et 4 arrêts de 6 minutes; la distance de Paris à Marseille est de 864 kilomètres. Quelle est la vitesse de marche du train?

www.ingramcontent.com/pod-product-compliance
Ingram Content Group UK Ltd.
Pitfield, Milton Keynes, MK11 3LW, UK
UKHW022027170726
13837UKWH00001B/437

9 782329 174303